LAUREN CONRAD

Style

VON LAUREN CONRAD
IST BEI MVG AUSSERDEM ERSCHIENEN:

Beauty

Meine Schönheitsgeheimnisse

LAUREN CONRAD

MIT ELISE LOEHNEN

Style

GROSSARTIG AUSSEHEN VON KOPF BIS FUSS

AUS DEM AMERIKANISCHEN
VON LISA VOGES

Bibliografische Information der Deutschen Nationalbibliothek:
Die Deutsche Nationalbibliothek verzeichnet diese Publikation in der Deutschen
Nationalbibliografie; detaillierte bibliografische Daten sind im Internet über
http://d-nb.de abrufbar.

Für Fragen und Anregungen:
style@mvg-verlag.de

1. Auflage 2014

© 2014 by mvg Verlag, ein Imprint der Münchner Verlagsgruppe GmbH,
Nymphenburger Straße 86
D-80636 München
Tel.: 089 651285-0
Fax: 089 652096

© 2010 by Lauren Conrad
Published by arrangement with HarperCollins *Children's* Books, a division of HarperCollins Publishers
Das englische Original erschien im Jahr 2010 bei Harper unter dem Titel „Style".

Übersetzung: Lisa Voges
Redaktion: Andrea Schick für bookwise Medienproduktion GmbH
Umschlaggestaltung: Sasha Illingworth, adaptiert von Pamela Machleidt, München
Umschlagabbildung: © 2010 by Matt Jones
Bilder Innenteil: © 2010 by Matt Jones, Howard Huang, Kristian Dowling/Getty Images,
Angela Weiss/Getty Images und Frank Micelotta/Getty Images.
Der vollständige Rechtenachweis findet sich auf Seite 223.
Make-up-Zeichnungen: © 2010 by Kerrie Hess
Layout: Sasha Illingworth
Satz: Andrea Schick
Druck: Florjancic Tisk d.o.o., Slowenien
Printed in the EU

ISBN Print 978-3-86882-460-5
ISBN E-Book (PDF) 978-3-86415-407-2
ISBN E-Book (EPUB, Mobi) 978-3-86415-408-9

Weitere Informationen zum Verlag finden Sie unter
www.mvg-verlag.de
Beachten Sie auch unsere weiteren Verlage unter
www.muenchner-verlagsgruppe.de.

Dieses Buch ist dem wunderbaren Team gewidmet,
das viele, viele Stunden damit verbracht hat, meine Haare,
mein Make-up und Styling zu perfektionieren.
Das Team investierte außerdem viel Zeit und harte Arbeit
in die Entwicklung des Buches. Ich bin sehr froh,
mit so talentierten Leuten zusammenzuarbeiten –
ohne sie wäre dieses Buch nie möglich geworden.

INHALT

EINLEITUNG

Als ich sechs war, bekam ich von meiner Oma zu Weihnachten einen ganzen Koffer voller Kunstpelze, langer Kleider und Modeschmuck geschenkt, woraufhin ich – wie man sich das so vorstellt – elfengleich durchs Haus schwebte, in einem viel zu langen schwarzen Abendkleid, mit einem Strasshalsband und den pinkfarbenen High Heels meiner Mutter. Oh, und natürlich mit bonbonrosa geschminkten Lippen, wie sie zu jedem anständigen Prinzessinnenauftritt gehören.

Heute habe ich keine Märchenlandszenarien mehr im Kopf, sondern das Meeting mit meinem Agenten oder eine Verabredung zum Mittagessen mit einem Freund. Außerdem beschäftigt mich die Frage, wie dicht der Verkehr auf dem Sunset Boulevard ist. Ich gebe es nur ungern zu, aber ich bin eine chronische Zuspätkommerin! Wenn man in Los Angeles wohnt, kann der Verkehr immer als Entschuldigung herhalten, in meinem Fall liegt es aber ehrlicherweise meist daran, dass ich nicht weiß, was ich anziehen soll. Zum Glück habe ich über die Jahre ein paar Strategien entwickelt, sodass ich schon *viel* besser geworden bin – und trotzdem schaffe ich es nicht immer, rechtzeitig das Haus zu verlassen.

Meine Freunde machen sich gern über meinen chaotischen Kleiderschrank lustig, was aber nicht ganz fair ist. Denn eigentlich ist mein Schrank ein wohlgeordnetes Chaos: Ich staple meine Klamotten nun mal am liebsten auf dem Boden. Weshalb ich oft nicht schnell genug aus dem Haus komme? Es ist nicht so einfach, ein Outfit zu finden, das gleichzeitig erwachsen aussieht und Laune macht. Wäre ich sieben Jahre alt, könnte ich mich mit ein paar Klunkern behängen, High Heels und knallbunte Radlerhosen anziehen. Mit einer herzförmigen Sonnenbrille auf der Nase würde ich in das Meeting stolzieren und sagenhaft aussehen. Nur ist das nicht so ganz das Richtige, wenn man ernst genommen werden will.

Klar gibt es die goldene Mitte, irgendwo zwischen den Extremen „wandelnde Motto-party" und dem kompletten Gegenteil, einem gähnend langweiligen Outfit ohne jede persönliche Note. In den Medien wird viel Wirbel gemacht um Dos und Don'ts. Ehrlich gesagt, ist es unmöglich, den Überblick zu behalten.

Echter Stil und irgendwelche Vorgaben passen ohnehin nicht zusammen. (Für mich sind Kitten Heels das einzige wirkliche Mode-No-Go und die Vokuhilas unter den Schuhen.) Sich zu kleiden sollte Spaß machen, weil alles, was wir tragen, etwas darüber aussagt, wer wir sind – vom Muster eines Shirts bis hin zur Länge und Farbe eines Rocks. Ich habe zwei Reality-Serien gedreht, und während viele Leute nicht glauben konnten, dass unsere Haare, Nasen und die Handlung echt waren, kann ich eines versichern: Unsere Garderobe war es! Fünf Jahre lang habe ich meine Outfits selbst zusammengestellt und kein einziges davon zweimal getragen. Wir drehten drei bis fünf Tage die Woche, mit etwa zwei bis drei Wochen Pause pro Jahr … das sind ganz schön viele verschiedene Looks! Du verstehst sicherlich, dass ich mir viele Gedanken darüber gemacht habe, was mein Style über meine Persönlichkeit aussagt.

Ich behaupte nicht, dass alle meine Outfits der Hit waren. Eigentlich waren sogar viele richtig schlecht. Aber ein paar Dinge habe ich dabei gelernt, und die möchte ich mit diesem Buch weitergeben. Es enthält Tipps, wie du dich vom Blick in den sinnbildlichen Kostümkoffer inspirieren lassen und die ausgefallensten Sachen mit Basics, die zu allem und jeder Gelegenheit passen, kombinieren kannst. Ich hoffe, dass du damit deinen eigenen Stil (weiter-)entwickeln kannst – und Spaß an Mode hast.

KAPITEL EINS

Die Grundausstattung

Es gibt unterschiedliche Meinungen darüber, was jede Frau im Kleiderschrank haben sollte. In der Regel lässt sich der Mindestbestand auf ein paar wenige Basics eindampfen. Aber so elementar diese Kleidungsstücke auch sind – die Sache mit den Basics ist, dass sie überhaupt nicht „basic" sein müssen. In erster Linie sollten sie zum eigenen Stil passen. Etwas so Einfaches wie ein Blazer kann auf Hunderte Arten interpretiert werden. Für mich ist er schwarz und tailliert. Für dich vielleicht oversized und dunkelblau. Basics – ich nenne diese wichtigen Teile auch gerne „Key Pieces"– sind die Grundlage, auf der du deine Garderobe aufbaust, und du solltest sie ebenso heiß und innig lieben wie das tolle Abendkleid, das du vielleicht nur einmal getragen hast.

Den Blick beim Shoppen auf alltagstaugliche Klamotten gerichtet zu halten ist beileibe kein einfaches Unterfangen, sondern mindestens so schwierig wie die Diskussionen, die ich als Teenie beim Klamottenkaufen mit meiner Mutter führte: Sie versuchte immer, mir vernünftige Sachen (Halbschuhe, warme Jacke, ordentliche Jeans) anzudrehen. Alles, was ich wollte, waren hingegen Plateausandalen, bauchfreie Printtops und Schlaghosen mit Glitzer. (Wir hatten doch alle mal unsere Geschmacksverirrungen.) Irgendwie haben wir immer einen Kompromiss aus praktischen Sachen und jenen Dingen gefunden, die man mit 13 cool findet. Was glaubst du, was ich zu Anlässen, bei denen es drauf ankam – Schulpartys, Klassenfotos, Geburtstagspartys mit Jungs –, aus dem Schrank gezerrt habe? Ich kann mich nicht an die Namen aller Jungs erinnern, in die ich verliebt war, aber ich werde nie mein Smiley-T-Shirt mit dem passenden Paar Jeans vergessen.

Ich möchte keineswegs in Abrede stellen, wie wertvoll der perfekte Blazer oder Cardigan für dich sein kann (tatsächlich wird in diesem Buch oft die Rede von solchen Key

Pieces sein). Ich meine nur, dass auch das Kleid, in dem du dich jedes Mal wunderschön fühlst, einen Platz in deinem Stücke-ohne-die-ich-nicht-leben-kann-Bestand verdient hat.

Die wichtigsten Teile in meinem Kleiderschrank sind die, die ich immer einpacke, wenn ich verreise – weil sie gemütlich sind, weil sie vorteilhaft sind, weil es die Sachen sind, in denen ich mich am meisten wie ich selbst fühle, wenn ich weit weg von zu Hause bin. Ein richtig guter Test: Geh deinen Kleiderschrank durch, und picke deine zehn Lieblingsstücke raus. Egal ob es das weiße T-Shirt, der Pulli mit dem Rautenmuster oder der Pailettenminirock ist, diese Auswahl verschafft dir einen guten Eindruck von deinem persönlichen Stil.

Natürlich lässt sich die perfekte Garderobe weder an einem Tag noch in einer Woche zusammenstellen. Es ist ein Prozess. Ich suche in Zeitschriften und Filmen ständig nach Inspiration, und mein Geschmack entwickelt sich weiter. Klar greift man dabei gelegentlich daneben, das gehört einfach dazu. Und während ich heute bei öffentlichen Auftritten lieber auf Nummer sicher gehe (tatsächlich wäre es mein größter Horror, eines Tages auf der Worst-Dressed-Liste zu stehen), probiere ich, wenn ich privat unterwegs bin, alles Mögliche aus. Beispielsweise liebe ich knallrote Lippen und reichlich Modeschmuck, und wenn's nur mit T-Shirt und Jeans ist. Leider sehen rote Lippen bei mir auf Fotos nicht immer gut aus, und mit Bergen von (Mode-)Schmuck wirkt man manchmal etwas überladen. Deshalb trage ich diesen Look eben nur in der Bar um die Ecke oder bei einer Einladung bei Freunden. Probier Outfits aus, wenn es um nicht so viel geht – trag ein neues Top, bei dem du dir nicht so sicher bist, nicht zum ersten Date, sondern wenn du mit Freunden unterwegs bist. So findest du raus, ob du dich gut darin fühlst oder eher unsicher und unwohl.

Und ärgere dich nicht schwarz, wenn du etwas kaufst, das es nie vom Kleiderbügel schafft. Das kommt vor. Aber du kannst dafür sorgen, dass Fehlkäufe nicht allzu oft passieren, wenn du weißt, welche Schnitte und welcher Style zu deiner Figur und Persönlichkeit passen. Auf den folgenden Seiten findest du viele hilfreiche Strategien, wie du Klamotten vermeiden kannst, die du unbedingt haben willst, aber wahrscheinlich nie tragen wirst. Ich will dich nicht davon abhalten, zu kaufen, was dir gefällt. Doch mein Ziel ist es, dich beim Entwickeln einer soliden, individuellen Garderobe zu unterstützen.

Also, los geht's!

KEY PIECES

Die folgenden Kleidungsstücke helfen dir, deinen persönlichen Look zu finden. Sie sind vielseitig einsetzbar und bilden die Grundlage einer wandelbaren Garderobe.

DAS KLEINE SCHWARZE: Auch nach knapp 100 Jahren ist das kleine Schwarze immer noch eine der besten Kreationen überhaupt: Danke, Coco Chanel! Entscheidend dabei ist es, ein Kleid zu finden, das richtig gut sitzt. Zum Glück ist das gar nicht so schwierig, denn von jeder einigermaßen angesagten Marke gibt es mindestens ein Modell. Egal ob A-Linie, trägerlos, gerafft oder gerade geschnitten – du kannst das Kleid mit Strümpfen, Gürtel, Jäckchen, Blazer oder pur tragen; es begleitet dich durch jede Jahreszeit. Wenn ich gar nicht weiß, was ich anziehen soll, greife ich immer wieder auf mein kleines Schwarzes zurück, vor allem wenn ich besonders schick aussehen muss. Kombiniere es mit Booties, Stilettos oder Ballerinas, je nachdem, ob du eher schlicht oder elegant aussehen willst (fünf komplett unterschiedliche Outfits mit demselben kleinen Schwarzen, siehe Seite 98).

JEANS: Denim gehört in jeden Kleiderschrank! Und egal, was für ein Figurtyp du bist – bei dem Riesenangebot an Schnitten ist auch die perfekte Jeans für dich dabei. Gib also nicht auf in der Umkleidekabine, bis du die passende Hose gefunden hast! Denn abgesehen von festlichen Events mit Abendgarderobe, kannst du deine Jeans quasi zu jeder Gelegenheit tragen. Dunkle Farben sind am vielseitigsten: Schwarz oder Dunkelblau schmeicheln der Figur und sehen feiner aus (mehr über Jeans, siehe Kapitel 2).

WEISSE KRAGENBLUSE: Manche Kleidungsstücke sind schlichtweg Klassiker und auch Urzeiten, nachdem sie die Modebühne betreten haben, immer noch aktuell. Die Wahrscheinlichkeit, dass du deine Bluse mindestens zehn Jahre tragen kannst, ist ziemlich hoch, auch wenn sich die Schnitte immer mal wieder ändern. Ich finde, dass eine weiße Kragenbluse an jeder Frau gut aussieht. Ich trage Oversize-Blusen in Weiß über dem Bikini am Strand oder am Pool und taillierte Blusen zu Jeans und High Heels oder zu einem ausgestellten Rock.

ROCK: Ein schöner Rock steht nicht zwangsläufig auf der Liste der Must-haves. Ich persönlich halte ihn jedoch für unverzichtbar.
Wenn du etwas schicker aussehen möchtest,
ist ein Rock perfekt. Natürlich erfüllt auch
ein Kleid diesen Zweck (mit dem zusätzlichen Vorteil, dass man gleich ein ganzes
Outfit hat), aber Röcke sind vielseitiger. Du
kannst für dasselbe Geld mehr modische
Ausrufezeichen setzen, indem du deinen
Rock für einen Casual Look mit Ballerinas
und Shirt kombinierst oder für ein Abend-
event mit Bluse und Pumps.

STIEFEL: Egal ob flache Bikerboots, Rei-
terstiefel oder Stiefel mit hohen Absätzen –
welches das perfekte Paar für dich ist, hängt
ausschließlich von deinem persönlichen Geschmack ab. Stiefel sind definitiv praktisch,
besonders für die Übergangszeiten und im
Winter. Da sie oft bei Schmuddelwetter
getragen werden, solltest du deinen Stiefeln unbedingt die entsprechende Pflege
angedeihen lassen!

WEISSE UND SCHWARZE OBERTEILE:
Zu vielen meiner Outfits gehört ein weißes oder schwarzes Oberteil. Egal ob aus Baumwolle, Jersey, Seide oder Chiffon – es ist ein perfektes Beispiel dafür, was ein Key Piece ausmacht: Es ist nicht der auffallendste Teil des Outfits, aber es ist das Bindeglied, das den ganzen Look zusammenhält, ohne vom eigentlichen Hingucker abzulenken. Ich trage weiße oder schwarze Oberteile in Bleistiftröcke gesteckt, lässig drapiert über abgeschnittenen Jeans oder zu bunten Röcken. Damit liege ich nie verkehrt.

SCHWARZE PUMPS: Ich besitze schwindelerregend hohe schwarze Pumps, die zwar super aussehen, in denen ich am späten Abend aber gehe, als ob ich einen gebrochenen Zeh oder ein ganz dringendes Bedürfnis hätte. Also habe ich mir flachere Pumps gekauft, die nicht besonders sexy, dafür aber bequem und praktisch sind. Die Mär von ebenso bequemen wie schönen Schuhen wurde für mich dann doch noch Realität: in Form von 12,5 cm hohen Absätzen, aber mit verstecktem Plateau. Ich liebe diese Pumps so, dass ich sie zweimal nachgekauft habe.

BLAZER: Ein gut geschnittener Blazer ist ein tolles Ergänzungsstück, das jedes Outfit zusammenhält und ein bisschen schicker macht. Tagsüber liebe ich meinen Kurzblazer mit weißem T-Shirt und Röhrenjeans; abends kombiniere ich gerne einen oversized Boyfriend-Blazer mit einem femininen Minikleid. Wenn du einen Blazer kaufst, hast du die Wahl zwischen einem schlichten, klassisch geschnittenen Modell und einer Version mit dem gewissen Etwas – egal ob es sich dabei um eine Applikation, Stickerei oder ein buntes Futter handelt.

MANTEL: Im sonnigen Kalifornien sind die Gelegenheiten, schöne Wintermäntel zu tragen, rar – ein Nachteil, zumal sie zu meinen liebsten Shoppingobjekten gehören! In einem Mantel sieht jede Frau sofort stylish aus, selbst wenn sie darunter nur einen ollen Schlafanzug trägt – sieht ja keiner! Ein Mantel soll natürlich in erster Linie warm halten. Aber er darf ruhig auch modisch sein. Wie wäre es also mit einem Mantel in einer knalligen Farbe oder mit hübschen Details? Die Hälfte meiner Mäntel ist mindestens mit einer Schleife verziert …

It's My Party and I'll Buy If I Want To

Meinen letzten Geburtstag habe ich mit meinen zehn besten Freunden in Vegas verbracht. Kurz vor dem unvergesslichen Abend gab es jedoch ein Problem: Ich hatte nichts anzuziehen! Während alle anderen einem lustigen Wochenende entgegenfieberten, konnte ich mich gar nicht darauf freuen, solange ich nicht das perfekte Kleid hatte. Meine Freunde erklärten mich für verrückt, und mein Schatz konnte mein Dilemma erst recht nicht begreifen. Ich musste ihm schon einen Surfervergleich aufzeigen, um ihm meine Fashionkrise verständlich zu machen. Zwei Stunden, bevor es zum Flughafen ging, streifte ich also verzweifelt durch das Kaufhaus Saks. Und da war es! Es war wunderbar. Der Blick auf das Preisschild ließ mich aber schon schlucken. Ich verrate besser nicht, was ich dafür hingelegt habe – es ist zu peinlich! Aber hey, ich war auf dem Weg nach Vegas, und ich hatte einen fantastischen Geburtstag in einem fantastischen Kleid – das ich danach nie wieder getragen habe. Ob das ein sinnvoller Kauf war? Eher weniger. Aber manchmal muss man eben unvernünftig sein ...

WOFÜR GELD AUSGEBEN, WO SPAREN

Als ich meine Linie für die amerikanische Kaufhauskette Kohl's entworfen habe, ging es mir vor allem darum, vielseitige Mode zu designen, die nicht die Welt kostet. Man muss nicht immer ein Vermögen ausgeben, um gut auszusehen. Der Trick bei der Zusammenstellung einer Garderobe ist, zu wissen, *wofür* es sich wirklich lohnt, mehr Geld zu investieren. 350 Euro für ein trendiges Kleid hinzulegen, das du hoffentlich irgendwann einmal zum Einsatz bringst – keine gute Entscheidung! Aber bei einem Paar schwarzer Plateausandalen, die du häufig tragen kannst, ein bisschen unvernünftig zu sein, ist durchaus erlaubt. Was am Ende zählt, ist das Kosten-Nutzen-Verhältnis: Ein 200-Euro-Kleid, in dem du auf zehn Partys glänzen kannst, ist viel sinnvoller als eines für 40 Euro, das du nur ein einziges Mal anziehst und dann im Schrank versauern lässt.

Für Oberteile, T-Shirts und Jeans musst du kein Vermögen ausgeben. Wasserfalltops aus Rayon etwa machen wirklich was her und sehen exklusiv aus. Es gibt Teile – die maßgeschneiderte Jacke, das perfekt sitzende Kleid, der Kaschmirpullover oder die Seidenbluse –, denen man ansieht, dass ihr Preis durch bessere Qualität und sorgfältige Verarbeitung gerechtfertigt ist. Aber wenn in deinen Augen etwas Günstiges gut aussieht, gilt das mit hoher Wahrscheinlichkeit auch für andere.

LAURENS LIEBLINGS-TEILE

In jedem Kleiderschrank hängen andere Key Pieces, hier also mal ein Blick in meinen …

T-SHIRTS: Ich mag T-Shirts am liebsten, wenn sie etwas lässiger sind. Gerne kombiniere ich ein schickeres Kleidungsstück – beispielsweise einen tollen Minirock – mit einem T-Shirt. Das rundet den Look ab, ohne vom eigentlichen Highlight abzulenken. (Wie du das perfekte Shirt findest, siehe Seite 33.)

SCHWARZES MINIKLEID: Mein gestuftes schwarzes Minikleid von Stella McCartney war nicht von Anfang an so kurz. Ich habe es von meinem Schneider ändern lassen (mehr dazu auf Seite 104). Kombiniert habe ich es schon mit klassischer Perlenkette, Strümpfen und Blazer oder mit einer kurzen Lederjacke und Gladiator Heels. Ein Kleid – viele verschiedene Looks.

SKINNY JEANS: Ob schwarz, dunkelblau, washed, destroyed – Skinny Jeans (ich nenne sie in der Regel Skinnys) habe ich in jeder Variation im Schrank. Sie sind vielleicht nicht für jede Figur geeignet, aber ich liebe sie heiß und innig und trage sie mit Tank-top und Sandalen oder mit Boots und geschichteten Oberteilen. Sie sind die vielseitigsten Stücke in meiner Garderobe. Meine Lieblingsjeans sind von J. Brand, Urban Outfitters und Levi's.

MAXIKLEIDER: Vielleicht liegt es an meinen süd-kalifornischen Genen – im Sommer bin ich mit Vorliebe in Maxikleidern unterwegs. Sie sind super-lässig, machen Eindruck – und mit der richtigen Taillierung außerdem eine tolle Figur. Mir per-sönlich steht der Empireschnitt am besten.

MAXIPULLOVER: Am Flughafen trage ich sie gerne mit Leggings, und über Sommerkleidern sind sie unschlagbar: Pullover! Meine sind in der Regel aus leichtem Material. Ich verbringe viele Abende in trägerlosen Kleidern, die so eng geschnitten sind, dass sie im wahrsten Sinne des Wortes atembe-raubend sind. Der Gedanke an etwas richtig Bequemes ist in solchen Momenten überaus verlockend! Ein schöner Pulli sollte Glamour haben und gleichzeitig so gemütlich sein wie ein Pyjama. Ob mit Rund-hals- oder V-Ausschnitt oder als Cardigan – Pullover spielen in meiner Garderobe eine wichtige Rolle.

SCHWARZE PUMPS: Falls meine Leidenschaft für schwarze Pumps mit Plateausohlen noch nicht so ganz rübergekommen sein sollte: Ich möchte noch einmal betonen, dass ich unendlich viele Schuhe besitze, eine Menge davon sind bunt und einige reich verziert – aber in meine schwarzen Lieblingspumps schlüpfe ich mindestens einmal die Woche. Ich trage sie, um Jeans aufzupeppen oder auf dem roten Teppich elegant (und groß) zu wirken. Egal bei welcher Gelegenheit – sie lassen meine Beine einfach länger erscheinen und haben mich noch nie im Stich gelassen. Es handelt sich um ebenjenes Paar Schuhe, das ich schon zweimal nachgekauft habe und so lange wie möglich am Leben erhalten möchte …

KAPITEL ZWEI

Die All-American-Uniform: Jeans und T-Shirt

Wenn du die perfekte Jeans für deine Figur gefunden hast und ein paar T-Shirts besitzt, die dir wirklich gut stehen, dann ist dies schon ein wichtiger Meilenstein auf dem Weg zur idealen Garderobe. Es gibt tatsächlich keine bessere Grundlage, um tolle Outfits zusammenzustellen.

Du wirst dich vielleicht fragen, wie ich das mit solcher Überzeugung behaupten kann? Nun, abgesehen von der Tatsache, dass ich diese Kombi selbst fast täglich trage, blickt die All-American-Uniform auf eine Geschichte zurück, die fast so alt ist wie Amerika selbst. Sie nahm ihren Anfang im Frankreich des späten 18. Jahrhunderts, wo ein Stoff namens „serge" in Nîmes produziert wurde – genannt „serge de Nîmes". Na? Richtig, wir reden hier von Denim! Dieser Stoff hat sich über die Jahre stark verändert. Lange Zeit diente das feste Baumwollgewebe als Ausgangsmaterial für robuste Arbeitskleidung, bis der Stoff in den 1950er-Jahren in Mode kam und plötzlich als cool galt. Man denke nur an James Dean in *... denn sie wissen nicht, was sie tun* oder – seufz – die Klamotten in *Grease*! Schließlich wurde Denim dem Mainstream einverleibt. Anfang der 1990er-Jahre erhielt die Jeans den Ritterschlag, als Designer dem Thema ihre volle Aufmerksamkeit widmeten und so einen gigantischen Markt erschlossen: Denim für alle! Wo es früher nur einige wenige Jeansmarken wie Levi's, Wrangler oder Mustang gab, tummeln sich heute Hunderte.

Der Vorteil: unglaublich viele Optionen. Der Nachteil: Es kann schwierig werden, sich durch all die Marken und Schnitte zu kämpfen, um die perfekte Hose zu finden. Aber sie existiert! Und du musst sie unbedingt ergattern. Eine gut sitzende Jeans kann deinem Hintern und deinen Beinen mehr schmeicheln als jede Art von Shapewear. Jeans sind so unübertroffen pflegeleicht, vielseitig und einfach zu stylen, dass das Anziehen einfach Laune macht.

Ein ebenso zeitloses Kleidungsstück ist das T-Shirt. Seine Anfänge waren eher bescheiden, ebenso wie die des Denim, heute jedoch ist das T-Shirt unverzichtbar geworden. Es wurden ihm sogar seine eigenen klassischen Kinomomente zuteil – auch hier sei an James Dean erinnert. Was als Unterwäsche begann, aus weißer Baumwolle mit Rundhalsausschnitt, ist heute in jeder erdenklichen Variation in Farbe, Schnitt und Stil erhältlich. Die Auswahl ist so groß, dass man glatt in Panik geraten könnte. Aber durch trial and error wirst du mit Sicherheit irgendwann den Schnitt ausfindig machen, der dir am besten steht. Ich mag am liebsten dünne Shirts (die aber trotzdem nicht durchsichtig sind), locker sitzen und bis knapp über den Hintern reichen.

JEANS

VON DER RICHTIGEN WAHL

Zum Jeanskauf solltest du unbedingt eine gute Freundin mitnehmen, es sei denn, du gehst in ein Geschäft, in dem es einen Dreiwegespiegel gibt. Die perfekte Jeans zu finden ist ein wenig wie ein Marathonlauf – die Enttäuschung ist groß, wenn man aufgibt, bevor man das Ziel erreicht, sprich, bevor man die ideale Hose gefunden hat. Und das bedeutet: viele Modelle anprobieren! Wenn ich tatsächlich die optimale Passform gefunden habe, kaufe ich immer gleich mehrere Exemplare. Jeanshersteller überfluten den Markt jede Saison aufs Neue mit anderen Schnitten, Stoffqualitäten und Formen. Deshalb sind auch Hosen mit denselben Modellnummern oder -namen kaum jemals identisch. Wenn du so viel Denim trägst wie ich, kennst du die Tragödie, wenn die Lieblingsjeans zu Tode getragen wird. Mit einem Ersatzpaar ersparst du dir die Enttäuschung darüber, dass es das Modell nicht mehr gibt.

Fast alle Jeanshosen haben heute einen mehr oder weniger hohen Stretchanteil, der wesentlich für die schlankere Beinform verantwortlich ist. Außerdem sind Jeans mit Stretch bequemer als altmodischer, superdicker Denim. Beim Anprobieren solltest du darauf achten, dass die Jeans so eng sitzt, wie es gesundheitlich gerade noch vertretbar ist, vor allem wenn der Stretchanteil über zwei Prozent liegt, da der Stoff beim Tragen stark nachgibt. Solange die Hose gut aussieht, du Reißverschluss und Knopf zukriegst und dabei noch atmen kannst, ist die Jeans richtig. Mach in der Umkleidekabine ein paar Ausfallschritte und Kniebeugen, um sie etwas zu dehnen. Wenn die Hose beim Kauf zu locker sitzt, musst du sie nach jedem Tragen waschen, was ziemlich nervig sein kann. Ich wasche meine Jeans so wenig wie möglich, weil ich denke, dass der Stoff dann nicht so schnell brüchig wird.

Meine Beine sind nicht besonders lang, sodass der Hosensaum in der Umkleide immer über den Boden schleift. Schlag die Hose auf die richtige Länge ein, damit du einen Eindruck bekommst, wie sie gekürzt aussieht. Dazu musst du allerdings wissen, ob du die Hose eher mit Pumps oder flachen Schuhen trägst.

Bevor ich eine neue Jeans zum Kürzen gebe (siehe Seite 25, wenn du's selbst machen willst), wasche ich sie einmal, falls sie einläuft. Dazu drehe ich die Hose auf links, das schützt die Farbe. Es scheint logisch, aber nimm auf jeden Fall die Schuhe, die du zu dieser Jeans tragen willst, mit zum Schneider. Das ist wesentlich entspannter, als auf Zehenspitzen balancieren zu müssen, um ungefähr rauszufinden, wie lang der Saum sein muss. Wenn du nicht weißt, welche Schuhe du zu deiner Jeans tragen sollst, schlag auf Seite 27 nach.

DIE RICHTIGEN TASCHEN

Position und Größe der Gesäßtaschen können dramatischen Einfluss darauf haben, wie dein Po in der Jeans aussieht. Kleine Taschen lassen ihn größer wirken; eng beieinanderliegende Taschen machen ihn breiter. Allgemein gilt: Wähle leicht schräg stehende Taschen in Standardgrößen. Diese sind meist am vorteilhaftesten.

WASHED, USED, DESTROYED

Ich mag am liebsten Jeans mit einheitlicher Färbung in Dunkelblau oder Schwarz ohne künstlich erzeugte Löcher, Flecken oder hellere Stellen. Wenn beim Tragen Löcher oder abgenutzte Stellen entstehen, habe ich nichts dagegen einzuwenden. Sie verleihen der Hose nur Charakter. Allerdings habe ich auch ein paar Tricks auf Lager, wie man diesen Prozess beschleunigen kann.

Ein Wort zur Bundhöhe

Erinnerst du dich an die Zeiten, als extrem niedrige Bundhöhen angesagt waren, die sofort den Blick auf die Lieblingsunterwäsche der jeweiligen Trägerin freigaben? Das waren wirklich schreckliche Zeiten für mich. Abgesehen davon, dass ich ständig in Richtung Steißbein checken musste, um kein öffentliches Ärgernis zu erregen, lebte ich in der ständigen Sorge, plötzlich im Freien zu stehen.

Bei einer Schulversammlung ist mir das tatsächlich passiert:

Ich trug eine extrem hüftig geschnittene Jeans ohne den Hauch von Stretch, als ich bei einer Schulveranstaltung vor versammelter Runde bei einem Twister-Spiel mitmachen musste. Ich befand mich bereits in einer schwierigen Position, als ich den linken Fuß auf Gelb zu setzen versuchte – und mein Hinterteil komplett aus der Hose rutschte!

Hierzu eine Randbemerkung: Man sollte es sich nie mit der Redaktion der Schülerzeitung verscherzen. Sie hat die Macht, solche Momente im Jahresrückblick zu verewigen …

SANFTES ABREIBEN: Designer greifen auf eine ganze Reihe von Methoden zurück, um Kleidern einen Used-Look zu verpassen. Da wäre zum einen Natriumphosphat zu nennen, eine starke Chemikalie, die Kleiderfasern auflösen kann und deshalb eher den Profis überlassen werden sollte. Wenn der Effekt weniger extrem und nur an einer bestimmten Stelle sein soll, kannst du eine andere Methode ausprobieren: Raue den Stoff mit Schmirgelpapier oder einer feinen Käsereibe auf, und zwar an einer tragetechnisch sinnvollen Stelle.

BLEICHEN: Wenn du keine Acid Washed Jeans willst, solltest du Textilbleiche sehr vorsichtig dosieren. Du kannst dann immer noch etwas dazugeben. Ich verwende diese Technik nur bei helleren Jeans, damit der Effekt nicht so auffällig ist. Gib etwas Textilbleiche in reichlich Wasser, und tauche eine alte Zahnbürste hinein. Streiche dann mit dem Daumen über die Bürste, damit die Flüssigkeit auf den Stoff gesprenkelt wird. Wenn du mit dem Ergebnis zufrieden bist, gib die Jeans sofort in die Waschmaschine. Andernfalls wird der Stoff an den betreffenden Stellen immer heller.

JEANS WASCHEN

Der Nachteil von satten Jeansfarben wie Pechschwarz oder Dunkelblau ist, dass der Stoff oft überfärbt ist. Und während diese Farben deinen Beinen schmeicheln – je dunkler der Stoff ist, desto schlanker wirken die Beine –, sind sie der Albtraum für helle Sofas, Ledertaschen, Shirts und Wäsche. Achte darauf, dass die Jeans nicht auf etwas anderes, das dir viel wert ist, abfärbt! Ich habe schon mal eine brandneue nudefarbene Chaneltasche mit einer dunklen Denim ruiniert …

Wenn die überschüssige Farbe erst mal ausgewaschen ist, sollte die dann erreichte Farbsättigung möglichst lange Bestand haben und überdies keine Bedrohung mehr für Sofas darstellen. Dreh die Jeans vor dem Waschen immer auf links, um weiße Streifen zu vermeiden. Und lass sie möglichst lufttrocknen, dann laufen sie auch nicht so stark ein.

In der Drogerie findest du Textilfarben, mit denen du blaue und schwarze Jeans nachfärben kannst. Außerdem gibt es spezielle Waschmittel für dunkle Wäsche.

LÖCHER STOPFEN

Kleine Löcher im Kniebereich sind noch kein Drama. Aber wenn die Jeans im Schritt dünn und brüchig wird, kann es kritisch werden. Glücklicherweise gibt es Änderungsschneider, die sich auf die Reparatur von Löchern und Rissen in Jeans spezialisiert haben. Dafür wird Faden benutzt, der perfekt zur jeweiligen Waschung passt. Das professionelle Flicken ist in der Regel wesentlich günstiger als eine neue Jeanshose. Und mal ganz ehrlich: Hat ein geflicktes Paar Jeans nicht viel mehr Charakter als ein neues?

Wenn der Stoff an den Knien komplett durch ist, kannst du die Jeans immer noch in Shorts umwandeln. Schneide auf keinen Fall zu viel auf einmal ab. Beginne vorsichtig und rolle die Hosenbeine auf, bis du mit der Länge zufrieden bist. Weiter kürzen kannst du immer noch, aber wenn erst mal so viel Stoff ab ist, dass der halbe Po raushängt, ist tatsächlich alles zu spät.

JEANS SELBST KÜRZEN
(WENN'S SCHNELL GEHEN SOLL)

Wenn deine Beine ebenso kurz sind wie meine, musst auch du vermutlich jede neue Jeans kürzen lassen. Dann kennst du garantiert diese Ungeduld: Du hast eine Jeans gefunden und willst diese *jetzt sofort* tragen. Aber zuerst musst du warten, bis der Schneider endlich mit dem Kürzen der Hose fertig ist. Dabei ist es gar nicht so schwer, eine Hose zu kürzen und dabei die Originalnaht beizubehalten. Mit etwas Nähpraxis kann es sogar eine dauerhafte Lösung sein. Ich persönlich lasse die Arbeit immer noch mal meinen Schneider machen, sobald ich bereit bin, mich für ein paar Tage von meiner Neuerwerbung zu trennen. Er kann es schlichtweg besser! Eine provisorische Naht ist auch gar nicht schlecht, wenn du nicht weißt, ob du zu den Jeans flache Schuhe oder eher High Heels tragen willst, und die Jeans erst mal eine Testlänge erhält.

• Erst mal musst du die Jeans anziehen, um die neue Länge zu bestimmen. Miss mit einem Maßband, um wieviel die Hose gekürzt werden soll, und teile die Anzahl der Zentimeter durch Zwei.

- Zieh die Jeans aus, und schlage den Saum nach außen um. Der Umschlag sollte dabei halb so lang sein wie die insgesamt zu kürzende Länge.

- Nähe jetzt mit kleinen Stichen direkt am Originalsaum entlang. Platziere die neue Naht genau unterhalb und so nah wie möglich an der Saumlinie.

- Schlage die Falte mit dem überschüssigen Stoff nach innen, oben um. Bügle den Stoff mit der neuen Naht flach – diese sollte weitgehend unsichtbar sein und kaum auffallen.

DIE PASSENDEN SCHUHE ZUR JEANS

Unterschiedliche Jeansschnitte verlangen unterschiedliche Schuharten. Das ist zwar keine Wissenschaft, aber dennoch kann die richtige Wahl die Wirkung einer Hose komplett verändern. Das sind natürlich keine in Stein gemeißelte Regeln, sondern nur Ratschläge!

SKINNY JEANS: Das wird immer meine bevorzugte Jeans sein. Ich weiß, dass der schmale Schnitt bei vielen Frauen nervöse Anfälle auslöst. Achte darauf, dass sich um den Knöchel nicht zu viel Stoff staut. In diesem Fall solltest du die Hose lieber vom Schneider kürzen lassen, damit vom Schenkel bis zum Fuß eine schöne, saubere Silhouette entsteht. Ansonsten könntest du in der Hose eher gedrungen wirken.

SCHUHE: Meine Skinnys trage ich in der Regel mit Pumps, weil die Extrazentimeter der Absatzhöhe die Beine länger machen. Aber natürlich passen auch flache Schuhe dazu. Skinnys können auch super mit Stiefeln kombiniert werden, man muss nicht so viel Stoff in den Schaft stopfen.

STRAIGHT CUT: Der gerade Schnitt ist schlicht, zeitlos schön und steht den meisten Frauen gut. Für die Arbeit ist dies der ideale Schnitt, vor allem in Dunkelblau oder Schwarz. Ein Used- oder Destroyed-Look ist hingegen genial fürs Wochenende. Wenn du dich nicht in eine Röhre traust, ist eine Straight-Cut-Jeans ein guter Kompromiss.

SCHUHE: Wie bei der Röhre sind auch hier Pumps oder flache Schuhe immer eine gute Wahl. Weil der gerade Schnitt nicht weit genug ist, um wie beim Boot Cut über den Schuh zu fallen, sollte die Hose nur knöchellang sein. Das lässt die Beine *länger* wirken.

WEITER HOSENSCHNITT: Ein weiterer klassischer Schnitt fürs Büro, denn solche Hosen haben in der Regel einen höheren Bund und einen konventionellen Hosenverschluss, z.B. einen Riegel anstelle eines einfachen Knopfes. Ich trage diesen Schnitt gerne mit einem Oxfordhemd und einer dünnen Strickjacke darüber. Zu hoch sollte der Bund allerdings nicht sein. Mir ist noch keine Frau begegnet, der das wirklich gut steht.

SCHUHE: Da der Hosenschlag den Schuh bedeckt, hast du viele Optionen, z.B. auch Pumps, die nicht mehr ganz taufrisch sind. Wenn du zu Jeans gerne Sneakers trägst, etwa von Converse oder Ked, ist dies eine ideale Hosenform. Die lässigen Schuhe werden durch den eleganteren Schnitt ausgeglichen.

BOOT CUT: Boot-Cut-Jeans waren eine kleine Revolution, als sie auf den Markt kamen. Sie schmeicheln fast jeder Figur, und zwar hauptsächlich deshalb, weil die leicht ausgestellten Hosenbeine auch kurvige Hüften ausgleichen. Achte unbedingt auf die richtige Länge. Denn wenn der Saum über den Boden schleift, ist das alles andere als vorteilhaft – und lässt dich kräftiger wirken, als du bist.

SCHUHE: Wie der Name sagt, passt der Schnitt gut zu jeder Art von Stiefeln und Stiefeletten mit und ohne Absatz. Verzichten solltest du in jedem Fall auf Schuhwerk, das *über* der Hose getragen wird, da sonst zu viel Stoff um die Wade herumflattert.

BOYFRIEND: Die Super-Baggy-Jeans ist in den letzten Jahren wieder in Mode gekommen, und das aus gutem Grund. Sie ist unglaublich bequem und kann auch eine gute Figur machen, wenn sie richtig kombiniert wird. Achte also unbedingt darauf, ein relativ enges oder tailliertes Oberteil dazu anzuziehen.

SCHUHE: Ich trage meine Boyfriend normalerweise mit zierlichen Sandalen oder Ballerinas. Will man in diesem superlässigen und lockeren Schnitt etwas schicker aussehen, sollte man vielleicht eher zu Pumps greifen. Das hat außerdem den Vorteil, dass das ganze Hosenbein runtergekrempelt werden kann.

70ER-JAHRE-SCHLAGHOSEN: Das Wichtigste bei sogenannten Flared Jeans ist, dass sie die richtige Länge haben und mit den passenden Schuhen kombiniert werden. Bei der Flared Jeans sollte der Saum wirklich fast den Boden berühren. Eine gute Wahl, wenn deine Beine nicht die längsten sind, weil die Hosenlänge optisch streckt.

SCHUHE: Alles mit wirklich hohem Absatz, von Plateaupumps bis Ankle Boots, ist erlaubt. Mir gefallen Wedges mit rustikalem, textilbezogenem Absatz besonders gut dazu.

T-SHIRTS

WIE DURCHSICHTIG DARF ES SEIN?

T-Shirts sind von der Grundidee her denkbar simpel, aber die Ausführung kann zur Katastrophe geraten. Ich finde es großartig, dass Modedesigner dem Thema mittlerweile große Aufmerksamkeit schenken: Es gibt heute Hunderte von Optionen, viele basieren auf innovativen Stoffen. Aber bei dem unüberschaubar riesigen Angebot kann die Wahl auch zur Qual werden. So wie bei Jeanshosen vor einigen Jahren mit extrem hüftigen Schnitten übertrieben wurde, haben T-Shirt-Hersteller bei der Suche nach dem ultimativ dünnen Material den Bogen überspannt.

Viele T-Shirts sind einfach zu durchsichtig, um noch vorteilhaft zu sein. Ein kurzer Test hilft bei der Entscheidung: Spanne den Stoff leicht über den Handrücken. Zeichnet er sich durch den Stoff zu stark ab, wird dies auch für alle Körperpartien gelten, die du eigentlich lieber unter dem Shirt verstecken wolltest. Das bedeutet nicht, dass du zu dem superdicken Material von früher zurückkehren musst. Dennoch darf der Stoff etwas Struktur aufweisen, und das Shirt sollte einigermaßen blickdicht sein. Schließlich soll es deine Kurven umspielen und nicht daran kleben bleiben. Wenn du das perfekte T-Shirt gefunden hast – lang, weich, lässig, kaschierend –, kauf am besten gleich mehrere davon!

DIE RICHTIGE ÄRMELLÄNGE

Es ist erstaunlich, wie sehr die Ärmellänge den Look eines T-Shirts beeinflussen kann. (Wenn du daran zweifelst, rolle mal die Ärmel deines Shirts vor dem Spiegel auf.) Der Ärmel sollte entweder an einer schlanken Stelle des Armes oder aber an der kräftigsten Stelle deiner Oberarmmuskulatur enden. Wenn der Ärmel dort aufhört, wo der Armumfang zunimmt, wirkt der Arm optisch stärker, als er tatsächlich ist.

T-SHIRTS SCHICHTEN

Wenn du aus Versehen ein zu dünnes und durchsichtiges Shirt gekauft hast, kannst du es zum Schichten verwenden. Ich liebe dünne T-Shirts unter einem trägerlosen Kleid – das dadurch absolut alltagstauglich wird. Du kannst auch zwei hauchdünne T-Shirts übereinandertragen. Das untere sollte dabei etwas länger sein als das obere.

WIE WEISSES WEISS BLEIBT

Die Kombination aus Schweiß, Deo und Baumwolle begünstigt eine verhängnisvolle chemische Reaktion, die unschöne gelbe Flecken unter den Achseln verursacht. Das Problem lässt sich auf verschiedene Arten angehen. Von aggressiven Textilbleichmitteln solltest du jedoch die Finger lassen, die sind in diesem Fall schlicht wirkungslos. Weiche den betroffenen Bereich in mit Wasser verdünntem Wasserstoffperoxid ein. Ein anderer Trick ist es, eine oder zwei Aspirin mit in die Waschmaschine zu geben. Alternativ kannst du das betroffene T-Shirt in Essigwasser einweichen, mische hierfür einen Esslöffel Essig mit einer Tasse Wasser.

KAPITEL DREI

Richtig shoppen

Eine Shoppingtour solltest du ebenso gut vorbereiten wie eine Safari. Du solltest dir nicht nur im Klaren darüber sein, was du jagen willst, sondern auch wissen, wo du das Objekt deiner Begierde am ehesten findest. Wichtig sind außerdem die richtige Kleidung und entsprechende Munition. Ob du nach einer coolen Clutch oder mörderischen Gucci-Heels Ausschau halten möchtest – mit der falschen Planung könntest du unzufrieden und mit leeren Händen nach Hause kommen. Mach dich also bereit für die Jagd, und poliere die EC- und Kreditkarte.

Bequemes Schuhwerk bedeutet eine Erleichterung, denn wenn du einen ganzen Tag shoppen gehst, hast du viel Beinarbeit vor dir. Wenn es warm ist und das Wetter mitspielt, trag einen Rock oder ein Kleid. Ständiges An- und Ausziehen von Hosen nervt – ganz zu schweigen von Strumpfhosen! Ich wähle in der Regel eine Kombi, bei der ich auch ein Tanktop trage: Wenn die Schlange vor der Umkleide nämlich zu lang ist, kann ich Blusen oder Shirts einfach im Laden probieren, auch wenn das nicht immer gerne gesehen wird.

Am liebsten gehe ich alleine auf Klamottenjagd, damit meine Entscheidungsfindung nicht von einer anderen Person beeinflusst wird. Meine beste Freundin und ich beispielsweise haben einen sehr unterschiedlichen Geschmack. Wann immer wir zusammen shoppen gehen, überschütten wir uns mit Liebenswürdigkeiten wie: „Ja, ist ganz hübsch – wenn du unbedingt aussehen möchtest wie ein Zirkusclown!" Früher habe ich mich durch die Meinung anderer beirren lassen. Heute möchte ich mir bei etwas, das mir gefällt, nicht reinreden lassen, nur weil es nicht dem Geschmack meiner Begleitung entspricht. Dennoch kann ein fachmännischer Blick sehr hilfreich sein. Ein guter Shoppingpartner sollte ehrlich, aber freundlich sein und wissen, was sonst so in deinem Schrank hängt. Es sollte also jemand sein, der dich davon abhalten kann, etwas zu kaufen, das du so oder ähnlich schon hast;

egal ob es um ein Paar Jeans oder das fünfte türkisfarbene Top geht. Wähle eine Begleitung, die in der Lage ist, dir schonend beizubringen, dass etwas nicht besonders vorteilhaft aussieht, ohne gleich dein Selbstwertgefühl zu vernichten.

Überleg dir, wie viel Geld du ausgeben willst, bevor du überhaupt ein Geschäft betrittst. Beim Festlegen des Budgets solltest du natürlich berücksichtigen, was auf deiner Shoppingliste steht. Ein paar einfache Shirts sind günstiger zu haben als der neue Wintermantel. Setz dir außerdem ein Limit. Wenn du den Verführungen einer Kreditkarte nicht erliegen willst, heb eine entsprechende Menge Bargeld ab. Es kostet deutlich mehr Überwindung, echte Geldscheine hinzublättern, als ständig nur ein Plastikkärtchen zu zücken. Auf diese Art und Weise überlegst du dir jeden Kauf zweimal, was sowohl deinem Geldbeutel als auch deinem Kleiderschrank zugutekommt. Schließlich willst du deinen Schrank nicht mit Spontankäufen zumüllen, die deinen Blick für das, was du wirklich gerne trägst, verhüllen.

KAUFHÄUSER UND KETTEN

Eine kluge Frau hat einmal gesagt, man sollte sich immer erst einen Überblick verschaffen, bevor man sich irgendwo mitten hineinstürzt – ich zitiere Cher aus *Clueless*. Bei ihr ging es zwar um eine Party, aber ich denke, dieses Prinzip lässt sich auch auf große Kaufhäuser übertragen. Ich schlendere immer erst durch die Reihen, bevor ich zu den Teilen zurückgehe, die mir beim ersten Rundgang ins Auge gesprungen sind. Folge ruhig deinem ersten Impuls, denn wenn dich ein Stück vom Ständer oder aus dem Regal anlacht, wird es das auch aus deinem Kleiderschrank heraus tun. Wenn du ähnlich oft shoppen gehst wie ich (ich muss für diverse Projekte eben am Puls der Zeit bleiben – das ist hart, aber irgendjemand muss es ja tun …), ist schnelles, instinktives Shopping ein probates Mittel, um nicht zu viel zu kaufen. Wenn ich auf der Jagd nach schlichten Basics bin, nehme mich mir die Zeit, die Auslagen durchzugehen. Das ist besonders wichtig, wenn besagte Basics schwarz oder blau sein sollen. Denn es kann richtig schwierig werden, einzelne Teile in einer Masse ähnlichfarbiger Stücke zu entdecken.

Auch wenn das gefürchtete „Warum hab ich das bloß gekauft“-Erlebnis nur allzu häufig eintritt, stellt sich ab und an auch das Gegenteil ein, der „Warum habe ich das *nicht* gekauft“-Blues. Das Kleid, das so toll gepasst hat, aber etwas zu teuer war. Die Schuhe, die dir zu gewagt erschienen, die du aber zwei Jahre später immer noch bei eBay suchst, weil sie dir nicht aus dem Kopf gehen. Ich habe ein System entwickelt, wie ich diese Ärgernisse minimieren kann: In den meisten Läden kann man Kleidungsstücke kurze Zeit zurücklegen lassen. Wenn ich also innerlich den „Brauch ich das Teil wirklich?“-Tanz aufführe, lasse ich das Teil zurücklegen und gehe weiter shoppen. Wenn ich es nach ein paar Stunden immer noch haben will, gehe ich zurück und kaufe es. Wenn ich gar nicht mehr an das Teil denke oder sogar froh bin, Geld gespart zu haben, muss ich mich später nicht ärgern.

UMKLEIDESTRATEGIEN

Ich weiß nicht, ob es an der schlechten Luft liegt, aber Umkleidekabinen sind energie- und motivationsraubend. Die Kombination aus wenig Platz und furchtbarem Licht kommt meiner Vorstellung einer kleinen Hölle schon recht nahe. Geh also vorbereitet hinein! Schnapp dir das Teil gleich in mehreren Größen, damit du nicht noch mal rausmusst – beziehungsweise probier die Sachen in einer sinnvollen Reihenfolge an, wenn du vorhast, die Umkleide für spontane Fashionshows für deine Freunde zu verlassen. In diesem Fall solltest du nicht ohne Oberteil dastehen.

Wenn du dazu neigst, schnell die Lust am Probieren zu verlieren, zieh als Erstes die umständlichsten Teile an (Kleider, Jeans), und spar dir die einfachsten (Jacken, Mäntel etc.) bis zum Schluss auf. Probier zuerst die Sachen an, die dir am besten gefallen: Wenn du etwas entdeckst, das du irgendwie gut findest, bei dem du dir aber nicht sicher bist, nimm es einfach mit in die Umkleidekabine. Wenn du nach all den anderen Sachen nicht mehr die Energie aufbringen kannst, es anzuprobieren, ist die Frage, ob du es wirklich willst, schon beantwortet.

Setz dich in allen Hosen, Jeans, Röcken und Kleidern auch mal hin, um zu sehen, wie bequem die Sachen tatsächlich sind und ob der Bund bei Hosen zu niedrig oder bei Röcken zu hoch sitzt. Es empfiehlt sich außerdem, den Umkleidebereich zu verlassen, um zu spüren, wie sich das Kleidungsstück bei Bewegung anfühlt, und um es auch einmal in einem anderen Licht und in anderer Perspektive zu betrachten. Wenn ich keine Begleitung dabeihabe, gehe ich immer raus und prüfe mich in mindestens zwei Spiegeln, denn während manche echte Schlankmacher sind, sind andere nicht so gnädig. Es gibt nichts Schlimmeres, als nach Hause zu kommen und eine Neuerwerbung anzuziehen – um entsetzt festzustellen, dass du im Geschäft tatsächlich noch geglaubt hast, das Teil würde dir stehen.

SPONTANE HAMSTERKÄUFE IN GÜNSTIGEN LÄDEN VERMEIDEN

Wenn ich an eins glaube, dann, dass einfache Oberteile nicht die Welt kosten sollten. Deshalb findet man mich häufiger in der entsprechenden Abteilung bei H&M oder Forever 21, wo ich mich mit Tanktops und T-Shirts aus Synthetikmaterial wie Rayon oder Modal eindecke. Diese sitzen meist locker und kleben nicht am Körper, sind also schmeichelhaft. Wenn du solche Key Pieces kaufst, dann schlag ohne Zögern zu.

Manchmal würde mir etwas Bescheidenheit aber durchaus gut stehen. Ich bin mir sicher, dass ich da nicht die Einzige bin, die so etwas schon mal erlebt hat. Ich war mal in der Filiale einer Kette, ob es nun American Apparel, H&M oder Topshop war, kann ich nicht mehr genau sagen, und bin tatsächlich Hunderte von Euro leichter wieder herausgekommen. Ich weiß immer noch nicht so recht, wie das passieren konnte. Erst habe ich ein hübsches 15-Euro-Top bewundert, und das Nächste, woran ich mich erinnern kann, ist, dass ich mit einem Berg voll Klamotten an der Kasse stand. Nun, Mathe gehörte zwar noch nie zu meinen Stärken, aber selbst mir ist klar, dass viele kleine Beträge eine große Summe ergeben. Und dennoch musste ich mich festhalten … über 200 Euro?! Immerhin habe ich bei diesem versehentlichen Kaufrausch auch ein paar tolle Teile geschossen, die ich bis zum Umfallen getragen habe – aber es waren doch einige dabei, bei denen ich mich später fragen musste: „Hab ich die wirklich gebraucht?" Wenn die Preise höher sind, passiert so etwas normalerweise nicht, nur wenn die Klamotten so erschwinglich sind, dass man meint, sich nicht entscheiden zu müssen. Fazit: Kaufe nie etwas, nur weil es günstig ist.

TRENDTEST

Bevor du dich auf einen gewagten oder teuren Trend einlässt, kannst du diesen erst mal mit einer Low-Budget-Version testen. Bevor du beispielsweise viel Geld für eine Lederjacke ausgibst, probier es doch erst mal mit einer Kunstlederjacke für 50 Euro. Wenn du die dann toll findest und häufig trägst, lohnt sich auch die Investition in eine echtlederne, von der du jahrelang etwas hast.

ECHT   GÜNSTIG

BOUTIQUEN

Anders als ein Kaufhaus verfügt eine Boutique nicht über Tausende Quadratmeter Verkaufsfläche, auf denen für jeden etwas dabei ist. Das führt natürlich zu weniger Auswahl, bedeutet aber auch, dass du nicht so lange suchen musst. Jede Boutique hat ihren eigenen Stil, will meinen, dass du erst mal den richtigen Laden für deinen Geschmack finden musst. Gezieltes Shoppen hat viele Vorteile. Zum einen: Wenn du das Personal und das Angebot einer Boutique kennst, weißt du auch, wo du immer wieder hingehen kannst, wenn akuter Mode-Alarm herrscht. Zweitens findest du hier vermutlich viel eher ein kleines, unbekannteres Label, das deinen Kleiderschrank individueller macht.

GEHEIMWAFFE: VERKAUFSPERSONAL

Ich bin eine eher stille, relaxte Käuferin, was im Umkehrschluss bedeutet, dass eine aufdringliche Verkäuferin mich in den Wahnsinn treibt. Aber eine *erfahrene* Verkäuferin kann eine tolle Hilfe sein. Die besten wissen genau, wo was hängt, und können deine Aufmerksamkeit auf Teile lenken, die du selbst vielleicht übersehen hättest; sie bringen dir die Sachen zum Probieren in die Umkleide und sagen dir, ob etwas gut oder schlecht sitzt. Wenn du eine treue Kundin bist, kannst du weitere Vorteile einer engagierten Verkäuferin nutzen. Wenn sie

Umtauschen

Es scheint zwar selbstverständlich, aber erkundige dich immer nach den Umtauschmöglichkeiten. Ich gehe normalerweise davon aus, dass Boutiquen da recht kulant sind. Die einen sind es, die anderen nicht. Meist gilt ein Umtauschrecht von 7 bis 30 Tagen ab Kauf. Allerdings erhält man in manchen Läden nur einen Warengutschein. Das ist nicht ideal, aber immer noch okay, wenn es eine Boutique ist, in der du öfter einkaufst.

Nachgeschneidert

In meinem Kleiderschrank gibt es viele Teile, die ich so gerne mag, dass ich sie am liebsten jeden Tag tragen würde. Das liegt meist daran, dass sie eine tolle Passform haben, weshalb sie sowohl der Figur schmeicheln als auch bequem sind. Irgendwann habe ich angefangen, meine Lieblingsteile zum Schneider zu schleppen, der sie in unterschiedlichen Stoffen nachschneidert. Das Ergebnis: selbes Kleid, anderes Muster. Das ist zwar kein ganz billiges Unterfangen, aber definitiv lohnend, vor allem wenn du von einem Teil mehrere Versionen haben willst. Der zweitaufwendigste Arbeitsschritt ist das Kopieren des Schnittes und muss nur einmal gemacht werden. Wenn du Stoffe aussuchen gehst, solltest du das Originalkleidungsstück dabeihaben, damit die Verkäuferin die richtige Stoffmenge und -art ermitteln kann. Denn wenn das Originalkleid aus Denim ist, könnte es eventuell problematisch sein, es aus Seide nachzuschneidern.

deine Vorlieben und deinen Geschmack kennt, ruft sie dich gerne an, um dir zu sagen, dass etwas neu reingekommen ist, das dir gefallen könnte. Wenn bu „bitte, bitte" sagst, legt sie es bestimmt auch in deiner Größe zurück. Vor allem aber informiert sie dich, wenn etwas, auf das du ein Auge geworfen hast, reduziert wird. Bei auffälligeren Teilen frage ich auch immer, wie oft dieses schon nachbestellt und verkauft wurde. Unter Umständen verzichte ich dann auf einen Kauf, wenn ich nämlich davon ausgehen muss, dass es mir überall in der Stadt begegnet – an anderen Frauen.

VINTAGE

Ein Vorteil von Vintage-Klamotten ist, dass du dasselbe Teil vermutlich nie an einer anderen Person sehen musst. Falls dir auf einer Party oder Hochzeit schon mal eine andere im gleichen Kleid oder Oberteil begegnet ist, wirst du das sehr zu schätzen wissen. (Ich habe mal bei einer Feier eine Limo mit zwei anderen Frauen in genau dem gleichen Kleid getrunken …) Das perfekte Vintage-Stück zu finden kann jedoch ziemlich aufwendig sein. Es gibt unendlich viele Designer-Secondhandläden, die bereits die größte Vorarbeit für dich leisten. Die Betreiber solcher Geschäfte halten überall nach tollen Einzelstücken und Accessoires Ausschau, lassen sie reinigen und präsentieren sie hübsch. Diese Art Shoppingerlebnis hat allerdings auch seinen Preis.

Wenn du die Zeit, Geduld und Lust hast, selbst nach alten Klamotten zu stöbern – ob auf dem Flohmarkt oder bei einer wohltätigen Organisation –, kannst du Glück haben und echte Schätze ausgraben. Ich hab mal für umgerechnet schlappe sechs Euro ein tolles Vintage-Abendkleid von Dior gefunden, das ich als Bluse trage. Es gehört zu meinen Lieblingsstücken und ist wahrscheinlich eines der günstigsten, die ich besitze!

DER SCHMALE GRAT ZWISCHEN VERKLEIDUNG UND SUPER OUTFIT

Wenn du eine begeisterte Vintage-Shopperin bist, wirst du definitiv viele Klamotten in die Hände bekommen, die du absolut toll findest, von denen du aber nicht weißt, wie man sie updatet, um sie tragbar zu machen. Manchmal kaufe ich solche Teile trotzdem: Man weiß ja nie, wann der richtige Styling-Geistesblitz einschlägt. Und manchmal braucht man ja auch tatsächlich ein Kostüm. Ich habe mich z.B. in ein tolles, blütenweißes Lagenkleid mit strassbesetzten Trägern verliebt, das ich unbedingt haben musste. Ich habe es nur einmal getragen – bei einer Halloweenparty –, aber ich sehe es mir einfach gerne an und bewundere die kunstvolle Verarbeitung.

WAS GAR NICHT GEHT

Wenn ein Vintage-Stück Flecken hat, ist es sehr wahrscheinlich, dass es Flecken sind, die nicht mehr rausgehen. So manche Macke lässt sich leicht kaschieren: Wenn der Fleck nahe am Saum ist, kannst du das Kleid einfach kürzen. Andere fleckige Stellen lassen sich eventuell mit einem Gürtel, einer Brosche oder einem Schal verdecken. Extreme Verfärbungen, z.B. unter den Achseln, lassen sich leider nicht wegzaubern. Und sind irgendwie eklig … also lass lieber die Finger weg!

Ein großes Thema ist auch, wie man Gerüche aus Vintage-Kleidung rausbekommt. Schließlich bringt es nichts, ein tolles Kleid zu tragen, das nach einer Weile aber leider zu müffeln anfängt. Stoffarten wie Polyester – extrem beliebt in den 1960er- und und 1970er-Jahren – neigen dazu, Körpergeruch zu binden, wenn nicht zu verstärken. Es sind also eher ungeeignete Kandidaten, wenn sie nicht absolut geruchsfrei sind. Ein feiner Mottenkugelgeruch kann in der Regel mit etwas Textilerfrischer (z.B. Febreze) oder einer sanften Behandlung im Wäschetrockner mit mehreren Dufttüchern entfernt werden. Du kannst die Kleidung auch einige Tage mit ein paar duftgetränkten Wattepads in einen geschlossenen Plastikbehälter geben. Die Pads sollten den Stoff dabei nicht berühren.

SCHNELLER QUALITÄTSCHECK

Meiner Meinung nach ist die Qualität eines Kleidungsstücks nicht immer wichtig – wenn es dir gefällt, kauf es. Es gibt ein paar Hinweise, die dir verraten, wie sorgfältig ein Kleidungsstück verarbeitet wurde. Feine Stoffe wie Seide, hauchdünne Baumwolle oder Chiffon sprechen für sich. Dreh den Saum um, und prüf die Verarbeitung. Handstickereien bringen definitiv Extrapunkte und geben überdies Aufschluss über das Alter eines Stückes. Das Etikett liefert ebenfalls einen wichtigen Hinweis: Gewebte Etiketten lassen (im Gegensatz zu gedruckter Massenware) in der Regel darauf schließen, dass es sich um eine hochwertigere Produktion handelt.

MARKEN WIDERSTEHEN

Ich bin Markenfetischistin. Aber nur weil etwas von Chanel oder YSL ist, musst du es nicht zwangsläufig kaufen, es sei denn, es ist einfach umwerfend – oder sagenhaft günstig! Bestimmt war der Samt-Hosenanzug von Emilio Pucci in den 1970er-Jahren richtig schick – aber würdest du ihn wirklich bei der nächsten Cocktailparty tragen? Manchmal muss man einem tollen Stück einfach widerstehen – vor allem, wenn es nicht die richtige Größe hat. Wenn du das perfekte Kleid oder den idealen Blazer entdeckst, sollte das Stück auch perfekt sitzen oder höchstens eine winzige Änderung erfordern. (Manche Details wie die Schulterbreite einer Jacke lassen sich nicht ändern.) Andernfalls wirst du dich ewig ärgern.

UPDATEN

Zögere nicht, bei einem Teil, das zwar tolle Komponenten hat, als Ganzes aber nicht (mehr) funktioniert, zur Schere zu greifen. Ich habe ein tolles Rüschenkleid aus einem fantastischen Material gekauft, aber leider war der Schnitt nicht aktuell. Also habe ich das Nähkästchen rausgeholt und ein paar Änderungen vorgenommen. Ärmel und Schulterbereich wurden abgeschnitten und die Länge ein wenig gekürzt. Und siehe da: Heraus kam ein modisches, trägerloses Minikleid.

Auf dieselbe Art und Weise kannst du ein mit Pailletten besetztes Butterfly-Top vorne aufschneiden und daraus eine Weste machen oder ein langes Knopfleisten-Shirt zum Mantel umfunktionieren. Manche Kleider – gerade, wenn sie vorne hochgeschlossen sind – sehen besser aus, wenn man sie verkehrt herum trägt. Sei einfach kreativ!

ONLINE SHOPPEN

Ich komme mir zwar immer vor wie ein wandelndes Klischee – aber shoppen im Pyjama ist einfach herrlich! Ich suche einen Pyjama aus, während ich selbst noch in einem Pyjama stecke … Nicht nur, dass ich das Gefühl habe, produktiver zu sein, weil ich gleichzeitig auch noch fernsehen kann (dem Multitasking sei Dank!) – ich habe Zugang zu Designermarken aus der ganzen Welt. Außerdem sehen die Sachen an einem Model oft viel schöner aus als am Kleiderbügel, und ich stolpere über Klamotten, die mir im Laden nie aufgefallen wären. Und während Geschäfte bei bestimmten Styles und Farben nur eine beschränkte Auswahl anbieten können, haben Onlineshops in der Regel ein deutlich größeres Angebot.

Wenn du Dinge im Netz bestellst, ohne diese vorher anprobiert zu haben, besteht natürlich das Risiko, dass etwas nicht passt. Deshalb ist es besonders wichtig, die Retoure-Bedingungen des Anbieters zu checken. Bei guten Onlineshops ist die Rücksendung unglaublich einfach, und es gibt so manch andere Vorteile – wie etwa den kostenlosen Versand oder Kauf auf Rechnung. Beziehe also auch solche Aspekte in deine Einkäufe mit ein.

MACH DICH SCHLAU

Für den größten Erfolg solltest du deine Einkäufe auf Marken beschränken, deren Maße du schon kennst. Das ist besonders wichtig, wenn du Hosen und Jeans im Internet bestellst. Wenn du gar nicht weißt, wo du anfangen sollst, nimm dir das nächste Mal, wenn du in einem Laden mit großer Jeansauswahl bist, Zeit, um möglichst viele verschiedene Marken und Modelle anzuprobieren.

In jedem Fall hilfreich ist es auch, sich die Modellnummer eines Kleidungsstücks zu notieren, das dir gefällt. Egal, ob du dir noch nicht ganz sicher bist, ob du es kaufen willst, oder ob du es im Geschäft nicht in deiner Größe gefunden hast: Eine Internetsuche spuckt ein breites Preisangebot aus, und vielleicht ist es ja gerade irgendwo reduziert erhältlich. Wenn die Modellnummer keine Ergebnisse bringt, gib die Marke und eine kurze Beschreibung in die Suchmaske ein.

MASSE VERGLEICHEN

Achte darauf, wie die Teile an den Models sitzen. Die meisten Onlineanbieter liefern Modelmaße und Größeninfos. Das ist ziemlich praktisch, denn so kannst du schnell Vergleiche zwischen den einzelnen Marken und Artikeln anstellen. Bei einer Marke passt dir vielleicht Größe S, während du dich bei einer anderen besser für Größe M entscheidest. Jeans in Onlineshops werden meist nur von zwei bis drei verschiedenen Models präsentiert. So erhältst du eine ungefähre Vorstellung, welche Hosen am vorteilhaftesten sind, selbst wenn du eine ganz andere Figur hast. Wenn eine Hose schon an einem Model nicht ideal aussieht, kannst du davon ausgehen, dass auch dir die Passform nicht schmeichelt.

BADEMODE SHOPPEN

Du erinnerst dich vielleicht daran, dass ich für mein Leben gerne Mäntel shoppe? Nun rate mal, was ich am wenigsten gern einkaufe. Bademoden! Die bestellst du wirklich am besten online von zu Hause aus in entspannter Atmosphäre. Wenn du dich unbedingt schlecht fühlen willst, probier einen Bikini in der Umkleidekabine eines Geschäfts, bei fieser Beleuchtung und unvorteilhaften Spiegeln. Es könnte passieren, dass du dich nie wieder an einen Strand wagst. Bestelle Bademode besser online, und zwar im Spätsommer, wenn deine Haut noch Farbe hat und du in guter Form bist, und probier das Zeug in deinem Schlafzimmer an. Hier kannst du

viel eher einschätzen, wie der Bikini aussieht, und außerdem ein bisschen rumhüpfen und prüfen, ob die Teile sitzen. (Ständiges Herumzupfen an Bikiniunterteilen ist nicht unbedingt angesagt.) Wenn der Bikini nicht richtig sitzt, schick ihn zurück. (Achtung, immer erst die Retoure-Bedingungen checken, gerade für Bademoden gelten oft andere Konditionen.) Merk dir, welche Marken dir gut passen. Viele Firmen ändern jede Saison Prints und Farben, behalten aber ein paar Schnitte bei. Wenn du eine Lieblingsmarke hast, bestelle den neuen Bikini, und vertraue darauf, dass er perfekt sitzt.

Was ich gerne mache, ist, Teile neu zu kombinieren. Manchmal ist ein schrilles Muster bei einem Zweiteiler fast zu viel; viel besser sieht es aus, wenn man das bunte Unterteil mit einem passenden einfarbigen Oberteil kombiniert. Streifen und Polka Dots passen auch super zusammen. Außerdem ist es schwierig, wirklich vorteilhafte Bikiniunterteile zu finden. Wenn du also mal eins gefunden hast, kauf gleich mehrere davon, und kombiniere sie mit unterschiedlichen Tops. Zwei Bikinis – ein einfarbiger, einer mit Muster – ergeben vier Kombinationen. Diese Art der Multiplikation finde ich einfach unschlagbar.

EBAY-SHOPPING: WISSEN, OB ES PASST

Viele eBay-Anbieter geben neben der im Etikett stehenden Größe auch noch die Maße an. Das ist vor allem dann von Vorteil, wenn du nach Vintage-Stücken Ausschau hältst, da sich die Größenmaße in den letzten Jahrzehnten stark verändert haben. Wenn du das nächste Mal beim Schneider bist, bitte ihn oder sie, dich zu vermessen und die Angaben zu notieren. (Das geht schneller und einfacher als selbst messen; außerdem weiß der Schneider genau, wo gemessen wird.) Eine wahre Fundgrube ist eBay für Schmuck und Accessoires, schließlich sind hier keine Größenmaße vonnöten. Trotzdem solltest du die Beschreibungen gründlich durchlesen. Es ist unmöglich, Maßstäbe anhand eines Fotos zu erkennen. Außerdem ist der Verkäufer verpflichtet, alle eventuellen Macken oder Schönheitsfehler zu nennen. Die lassen sich oft vom Goldschmied oder Juwelier beheben, der das Schmuckstück auch professionell reinigen kann. Einen Verschluss zu reparieren oder die Größe eines Ringes etwas anzupassen, sind für ihn leichte Übungen.

SCHNÄPPCHEN FINDEN

Es gibt Tausende von Websites, auf denen man Gutscheincodes einlösen und versandkosten-frei einkaufen kann, sodass du dir ziemlich sicher sein kannst, immer ein Schnäppchen zu machen. Es ist auch keine schlechte Idee, deinen Lieblingsmarken auf Facebook oder Twitter zu folgen und auf diesem Weg über Pre-Sale-Angebote und spezielle Rabattaktionen infor-miert zu werden. Das Gleiche gilt für die Newsletter kleiner Boutiquen.

KAPITEL VIER

Der Kleiderschrank

Das letzte Mal, als ich ernsthaft meinen Kleiderschrank ausgemistet habe, war dafür eine Crew von vier Leuten im Einsatz (unter anderem ein Professional Organizer und ein Stylist). Es dauerte drei volle Tage, ohne Sonnenlicht und mit diversen Essenslieferungen. Ich würde mich selbst eigentlich nicht als jemanden bezeichnen, der nichts wegwerfen kann – oder gar als Messie –, aber ich hänge nun mal an Dingen. Schuhe, bei denen sich die Reparatur nicht mehr lohnt, in die Mülltonne zu werfen oder alte T-Shirts in die Kleidersammlung zu geben hat so etwas Endgültiges. Also haben sich auch solche Sachen nach und nach in meinem Kleiderschrank angesammelt. Das hat dazu geführt, dass ich irgendwann *gar nichts* mehr gefunden habe. Was man nicht sieht, kann man auch nicht anziehen. Irgendwann wurde es so schlimm, dass ich anfing, neue Sachen zu kaufen, weil ich Angst davor hatte, mich durch meinen Kleiderschrank zu wühlen, um etwas zu finden. Das war kurz vor der Aufräumaktion.

Ich wusste ja, dass Ausmisten kein One-Man-Job ist, also holte ich Verstärkung – und wurde prompt zur Rechenschaft gezogen. So stritten mein Stylist (ein guter Freund aus Highschoolzeiten) und ich uns beispielsweise über ein Paar pinkfarbene, strassbesetzte Pumps, die zu einem Abendkleid aus Studentenzeiten gehörten. Er argumentierte, dass „Sentimentalität" keinen Platz im Kleiderschrank hat. Wie herzlos – vor allem weil ich Kleid und Schuhe für ein Date mit *ihm* gekauft hatte! Aber letztlich bin ich dankbar für alles, was meine Helfer getan und mir geraten haben, weil das Ergebnis ein wundervoll übersichtlicher Kleiderschrank ist. Die Kleiderbügel sind einheitlich und haben denselben Abstand; die Klamotten sind nach Art, Style, Farbe und Ärmellänge sortiert. Und ich habe sogar ein Plätzchen für meine pinkfarbenen Pumps in einer der unteren Schubladen gefunden.

Obwohl ich mir geschworen hatte, das Chaos in Grenzen zu halten, habe ich festgestellt, dass ich meine Garderobe etwa alle sechs Monate einer kritischen Überprüfung unterziehen muss. Schlimm genug, dass es nach so kurzer Zeit schon einen ganzen Nachmittag braucht (immerhin kein langes Wochenende!), aber auf diese Art bleibt die bestehende Ordnung weitgehend erhalten. Ich weiß ziemlich genau, was wohin gehört.

Ich wäre hier wirklich sehr gerne etwas disziplinierter. Tatsächlich hab ich sogar probiert, eine Regel einzuführen, nach der ich nichts kaufen darf, bevor ich etwas Altes entsorgt habe. Aber wie du aus der Einleitung noch weißt, halte ich mich bei Mode an keine Regel! Trotzdem glaube ich, dass die Idee gut ist, und wenn du sie beherzigst, wirst du mir einen Schritt voraus sein.

Es gibt verschiedene Möglichkeiten, wie man ohne großen Aufwand Ordnung im Schrank halten kann. Entscheidend dabei ist ein gewisser Spaßfaktor. Schließlich bedeutet ein übersichtlicher Kleiderschrank erst mal körperliche Arbeit, denn du solltest jedes einzelne Kleidungsstück anziehen. Und wenn du dich schon mal in einer solchen Session mit diversen potenziell schlecht sitzenden Jeans herumgeschlagen hast, weißt du, dass es mit Freunden und Essen viel kurzweiliger ist. (Vielleicht erinnerst du dich an die Szene aus *Sex and the City*, als Carrie mit Freundinnen ihren Kleiderschrank ausmistet?)

GARDEROBE ZUSAMMENSTELLEN

Die erste Aufgabe ist, das Zimmer, in dem der Schrank steht, aufzuräumen, weil das Ausmisten des Schranks schon genug Unordnung macht. Sorge dafür, dass deine Freundinnen bequem sitzen. Schließlich sollen sie die ganze Zeit über motiviert bleiben und dich anfeuern.

Räume deinen Schrank aus, und pack alles in eine Ecke des Zimmers. Lege einen Seesack, zwei große Taschen und ein paar große Plastikbeutel bereit.

PROBIER JEDES EINZELNE KLEIDUNGSSTÜCK:

a. Alles, was Risse, Löcher oder Flecken hat, die sich nicht beheben lassen, wandert in einen Plastikbeutel.

b. Alles, was du nicht mehr schön findest, kommt in einen zweiten Plastikbeutel, den du entweder in die Altkleidersammlung gibst oder zum Kleidercontainer bringst.

c. Alles, was gut aussieht, aber nicht (mehr) gut sitzt, kommt in eine Tasche, die zum Schneider wandert.

d. Alles, was dir nicht (mehr) steht, vielleicht aber einer Freundin, kommt in die zweite Tasche.

e. Alles, was du schon länger als ein Jahr nicht mehr getragen hast, von dem du dich aber noch nicht trennen kannst, wandert in den Seesack.

f. Alles, was noch tiptop ist, wird zurück in den Kleiderschrank gehängt.

Was wieder in den Schrank kommt, sollte in eine Richtung aufgehängt werden. Idealerweise solltest du lauter gleiche Bügel verwenden. Ich liebe dünne, beflockte Bügel, weil glatte Stoffe nicht abrutschen und die Teile nicht auf dem Boden landen. Kauf sie gleich in der Großpackung, dann sparst du noch etwas dabei (für mehr Klamotten!).

Sortiere deine Kleidungsstücke ein wenig: Hänge Kleider, Röcke und Blusen zusammen, lege lang- und kurzärmelige T-Shirts auf je einen Stapel und so weiter.

Am wichtigsten ist es, die Sachen so einzusortieren, dass du das, was du am häufigsten trägst, schnell zur Hand hast. Shirts, die du zur Arbeit anziehst, gehören in die vorderste Reihe und sollten gut sichtbar sein. Teile, die man nicht oft braucht, wie z.B. Abendkleider, können ihr Dasein auch in der hintersten Ecke fristen.

Nachdem alles, was du behalten willst, schön im Schrank hängt bzw. liegt, sortiere die Sachen noch ein wenig nach Farben. Das ist zunächst ganz hilfreich, um zu sehen, wo jede Kategorie beginnt und endet – und auch das am Tag getragene Outfit bekommt so eine reelle Chance, wieder dahin zu wandern, wo es hingehört. Außerdem verschafft es dir einen guten Überblick, wovon du genug besitzt: Wenn du einen Riesenstapel mit roten Oberteilen hast, solltest du dich bei der nächsten Shoppingtour daran erinnern. Nur bei Schwarz gilt das nicht immer: Wenn du viel Schwarz trägst und alle schwarzen Teile zusammenhängen, wird es schwierig, sie auseinanderzuhalten. Hänge also ein paar weiße oder graue Sachen dazwischen, um den schwarzen Block etwas aufzulockern.

Wenn im Schrank wieder Ordnung herrscht, mach am besten gleich mit der Kommode weiter. Hier gelten dieselben Regeln, allerdings solltest du aussortierte Unterwäsche und Strümpfe gar nicht erst in den Altkleidersack geben, sondern direkt in den Müll.

KLEIDER AUSSORTIEREN

Du erinnerst dich an den Seesack voller Klamotten, die du noch okay findest, aber schon lange nicht mehr getragen hast (siehe Punkt e)? Genau den knöpfen wir uns jetzt vor. Es gibt Menschen, die in der Lage sind, Dinge zu entsorgen, ohne groß darüber nachzudenken. Ich gehöre nicht dazu. Ich muss mich ungefähr sechs Monate davon überzeugen, dass ich ganz gut ohne etwas leben kann, von dem ich gar nicht mehr wusste, dass ich es besitze. Hier ein paar Tipps, die diesen Prozess erleichtern und helfen, Überflüssiges zu entsorgen:

Aus Erfahrung weiß ich, dass ich in Panik gerate, wenn ich den Seesack sofort zur Altkleidersammlung bringe. Deshalb packe ich ihn unter mein Bett und schaue nach sechs Monaten noch mal rein. Ganz selten entdecke ich dabei ein Teil wieder, das ich vermisst habe. Aber weit häufiger wundere ich mich, dass ich mir die Extramühe gemacht habe, und bringe die Klamotten schnellstmöglich weg.

KLEIDERTAUSCHPARTY

Du hast am Freitagabend noch nichts vor? Bereite ein paar Häppchen zu, und lade deine Freundinnen zu einer Kleidertauschparty ein. Die Idee ist, mit neuen Klamotten nach Hause zu gehen, ohne dafür Geld auszugeben. Es muss auch nicht immer ein Eins-zu-eins-Tausch sein. Das Schöne ist, dass man die Tauschbedingungen festlegen kann, wie man will. (Natürlich sollte es nicht so weit kommen, dass sich die Mädels um ein Stück prügeln.)

BARE MÜNZE: KOMMISSION VS. EBAY

Mit ausgemusterten Kleidungsstücken hat schon manch eine(r) ein ganz ordentliches Sümmchen verdient. Der einfachste Weg ist, hochwertigere Kleider und Accessoires beim nächsten Secondhandladen in Kommission zu geben. Dort werden die Sachen gesichtet und bepreist. Wenn du keinen solchen Laden in der Nähe hast, gibt es dafür auch Onlineservices, z. B. Covetshop.com und Yoogicloset.com (in Deutschland u. a. Videdressing.de; Anm. d. Ü.). Wenn du die Geduld aufbringst, kannst du die Teile auch bei eBay einstellen. Dein Angebot sollte ein paar wirklich gute Bilder von den Kleidungsstücken sowie eine ausführliche Beschreibung inklusive Maße enthalten.

SACHEN, DIE REPARIERT WERDEN KÖNNEN

Ein guter Schneider kann ein Kleidungsstück problemlos ändern, allerdings sollte es an den kritischen Stellen, wie etwa an der Schulterpartie, noch passen (siehe dazu Seite 104). Wenn du vor der Entscheidung stehst, ob du ein Teil behalten oder weggeben willst, versuch dir vorzustellen, ob es vielleicht kürzer, enger oder lockerer ganz gut aussehen könnte. Wie die scheußlichen Brautjungfernkleider oder das Abendkleid von vor zwei Jahren: Das ein oder andere Teil könnte als Cocktailkleid gut funktionieren. Das sind klare Fälle für den Schneider.

Wenn dein Lieblingspullover auch den Motten gefallen hat, wasche oder reinige ihn erst, um weitere Fraßschäden zu vermeiden. Bring ihn dann zum Kunststopfen, damit die Löchlein mit dem perfekt passenden Garn fast unsichtbar geschlossen werden.

Wenn deine Lieblingsjeans den Geist aufgibt, lass sie vom Profi reparieren. Im Internet findest du die Adressen entsprechender Firmen, z. B. Denimtherapy.com (in Deutschland z. B. Jeans-reparieren.de; Anm. d. Ü.), denen du deine Jeans per Post schicken kannst.

KLEIDUNG RICHTIG AUFHÄNGEN, FALTEN UND LAGERN

AUF DEM BÜGEL: Wenn du ein Kleidungsstück aus der Reinigung zurückbekommst, nimm es sofort aus der Plastikhülle (damit sich schädliche Chemikalien besser verflüchtigen), und häng es wieder auf einen Form- oder auf einen beflockten Kleiderbügel. Schwere Kleidungsstücke werden besser gefaltet, damit sich die Schulterpartie nicht verzieht. Die meisten Reinigungen nehmen Drahtbügel übrigens wieder zurück. So häuft sich bei dir nichts an – und nebenbei hast du auch noch ein paar Recyclingpunkte gesammelt!

IM FACH: Wenn du gefaltete Kleidung stapelst, sollten die schwersten, dicksten Teile unten liegen. Andernfalls wird der Stapel schnell schief und instabil. Lege Zedernholzscheiben dazwischen, um Motten fernzuhalten, und achte darauf, dass die Kleidungsstücke so sauber wie irgend möglich sind. Motten werden von Körpergeruch in Naturfasern angelockt. Eklig, aber wahr!

IN DER SCHUBLADE: In Schubladen kommen bei mir eigentlich nur Sachen, die besser unsichtbar bleiben: Socken und Strümpfe, Unterwäsche, einfache T-Shirts, Tops und Sportbekleidung.

Zeigt her eure Kleider

Kleider müssen nicht unbedingt im Schrank hängen. Meine Lieblingsschuhe sind auf einer langen Kommode entlang einer Wand aufgereiht, und ich habe eine rollbare Kleiderstange mit Kleidern in ähnlichen Farben in einer Ecke meines Schlafzimmers stehen. Schöne Kleider wollen bewundert werden – also zeigen wir sie her!

HANDWÄSCHE

Es ist zwar kein großer Spaß, aber wenn du die Energie aufbringen kannst, wasche feine Oberteile und Kaschmirpullover von Hand. Abgesehen davon, dass eine chemische Reinigung nicht gerade umweltfreundlich ist, tut sie auch dem Material nicht gut. Geh also sparsam damit um.

Ich liebe Woolite, weil es toll riecht. Natürlich gibt es auch andere gute Feinwaschmittel für die Handwäsche. Fülle ein sauberes Waschbecken oder eine Schüssel mit warmem Wasser und etwas Waschmittel, und mach dich an die Arbeit. Es ist eigentlich gar kein Hexenwerk: Einen Wollpullover lasse ich erst ein paar Minuten einweichen, arbeite dann den Schaum ins Gewebe und drücke ihn vorsichtig wieder aus. Wenn nach dem Spülen das Wasser klar ist, wringe ich so viel Wasser wie möglich aus und lege den Pulli auf ein trockenes, großes Handtuch. Dadurch bleibt er besser in Form. Dann rolle ich das Handtuch auf und drücke vorsichtig drauf.

Noch ein Wort zum Thema chemische Reinigung: Wenn du keine Zeit für Handwäsche hast oder nicht andauernd in die Reinigung rennen willst, lass lieber die Finger von Kleidung, die Spezialpflege erfordert. Lies die Pflegehinweise auf dem Etikett sorgfältig, bevor du zur Kasse gehst. Ansonsten hast du bald einen Berg von Kleidung, die zu schmutzig zum Tragen ist – und schließlich auch noch eine stattliche Rechnung der Reinigung.

KAPITEL FÜNF

Accessoires

Wenn du eine Umfrage machen würdest, käme als Ergebnis vermutlich heraus, dass Frauen am allerliebsten Accessoires jeder Art shoppen. Abgesehen davon, dass es einfach schöne Dinge sind, gibt es kein Zittern vor dem Betreten der Umkleidekabine, ob das Teil denn auch passt, und man muss sich nicht ausziehen, um etwas zu probieren. Zudem reicht oft schon ein einfaches Accessoire, um ein Outfit komplett zu verändern. Wenn die Kombi aus Jeans, Shirt und High Heels zu langweilig wirkt, steig einfach in rote Ankle Boots, oder lege eine auffällige Halskette an – das wird den Look vollkommen verändern. Am nächsten Tag können dieselben Accessoires ein einfaches Baumwollkleid in etwas Supertrendiges und Cooles verwandeln. Und wenn du bei Schmuddelwetter Wintergefühle vertreiben möchtest, wickle dir einen bunt gemusterten Schal um den Hals.

Auch wenn Accessoires allzu leicht zu einem Spontankauf verleiten – halte dich zurück. Denn bei der Auswahl solltest du ebenso viel Sorgfalt walten lassen wie beim Zusammenstellen deiner Garderobe.

Und, nicht vergessen: Das richtige Accessoire kann Geld sparen helfen, weil du damit deine Outfits updaten kannst. Du musst dann nicht gleich alles neu kaufen. Angenommen, du hast eine Saison in Ballonkleider investiert. Wenn sie nicht mehr in sind, muss das nicht das Aus für die Kleider bedeuten. Lege einen Gürtel um, und schon hast du eine ganz andere Silhouette – und damit einen ganz neuen Look.

SCHUHE

Natürlich besteht ein gutes Schuhsortiment nicht nur aus Stilettos. Und selbst wenn du einen bestimmten Schuhtyp bevorzugst, ist es ratsam, eine gewisse Auswahl an unterschiedlichem Schuhwerk zu besitzen. Deine Füße arbeiten hart für dich, deshalb ist das Mindeste, was du tun kannst, sie mit hübschen Schuhen zu verwöhnen.

SCHUHKAUF-ABC

Ein Paar schöne Pumps, damit kann man bestimmt nichts falsch machen, oder? (Zumal diese kaum wertvollen Stauraum in deinem Schrank beanspruchen …) Irrtum! Es gibt da ein paar grundsätzliche Dinge, die du dir klarmachen solltest, bevor du ein Schuhgeschäft betrittst.

Schuhe anprobieren und damit im Laden auf und ab zu gehen ist eine Sache – eine vollkommen andere ist es, mit denselben Schuhen auf der Straße unterwegs zu sein. Ist dir schon mal aufgefallen, dass die meisten Schuhgeschäfte mit Teppich ausgelegt sind? Stilettos mit zwölf Zentimeter hohen Absätzen sind auf weichem Bodenbelag einfach bequemer als auf Asphalt. Bevor du dich zum Kauf entscheidest, solltest du deshalb unbedingt ein paar Schritte auf Holzboden oder einem anderen harten Untergrund wagen.

Leder – insbesondere Wildleder – dehnt sich. Allerdings nicht in der Länge, sondern nur in der Breite. Wenn deine Zehen vorne anstoßen, wird sich das also nicht ändern; wenn deine Füße in den Schuhen hin und her schwimmen, dürfte sich dieses Problem mit der Zeit noch verstärken. Grundsätzlich solltest du Schuhe eher am späten Nachmittag kaufen gehen, wenn deine Füße dicker sind als am Morgen. Du wirst eine realistischere Vorstellung davon bekommen, wie gut die Schuhe tatsächlich passen. Zwar gibt es ein paar kleine Tricks, wie ein Schuh bequemer gemacht werden kann (mehr dazu auf Seite 75), die Größe wirst du jedoch nie entscheidend verändern können.

DAS KLASSISCHE SCHUHSORTIMENT

Die verschiedenen Kategorien sind recht allgemein beschrieben. Die speziellere Ausführung bleibt dir überlassen. Wenn du die folgenden Ratschläge berücksichtigst, hast du für alle Eventualitäten den passenden Schuh.

FLACH: Vom schlichten Ballerina bis hin zu bunten, verzierten Schuhen – in Sachen Bequemlichkeit geht nichts über diesen Schuhtyp. Gut, wenn du mindestens ein Paar besitzt, dass etwas auffälliger ist, sprich mit Schleifen, Steinen, Nieten oder Ähnlichem.

PUMPS: Du solltest mindestens ein Paar schwarze Pumps im Schrank haben. Diese müssen zwar nicht superkonservativ sein, sollten aber eher eine klassische Form haben. Ein Paar in einer Spaßfarbe schadet auch nicht.

PEEP-TOE: Diese Schuhe sind deshalb sexy, weil deine Zehen verführerisch herausgucken. Am besten wirken sie in einer schönen, femininen Farbe, wie einem weichen Grau oder Mauve.

VERZIERT: Diese Schuhe kannst du als perfekte Ergänzung zu einem einfachen schwarzen Kleid sehen. Schnallen, Schmucksteine, Nieten, Knallfarben – macht alles was her.

GLADIATOR HEELS: Die ausgefallenere und coolere Version der Römersandale. Achte beim Kauf genau darauf, dass sie um die Fesseln gut sitzen, sonst kann es unangenehm werden.

STIEFEL: Ob mit oder ohne Absatz, wähle eine klassische, schlichte Stiefelform, die dir auch noch nach zwei Jahren gefällt. Ordentliche Stiefel können ordentlich Geld kosten – überlege also gut, wofür du es ausgibst.

LEBENSVERLÄNGERNDE MASSNAHMEN

Ich weiß, es tut weh – aber wenn du lange Spaß an deinen neu erstandenen Lieblingen haben möchtest, trag sie am besten sofort zum Schuhmacher. (Okay, ich geb's zu: Ich muss meine Neuen einmal ausführen, bevor ich mich dazu durchringen kann.) Investiere lieber gleich am Anfang das Geld für eine extra Gummisohle vom Schuster – deine Schuhe werden doppelt so lange halten.

(UN)VORTEILHAFTE SCHUHE

Für Frauen, die nicht mit besonders langen Beinen gesegnet sind, sind alle knöchelhohen Schuhe kritisch. (Ich gehöre auch zu dieser Spezies – also nur kein Neid, bitte!) Dazu gehören Booties und Gladiator Heels ebenso wie Anklestrap-Pumps oder Stegspangenschuhe. Wenn man der Problemzone „kürzere Beine" zu Leibe rücken möchte, besteht der Trick darin, einen Schuh zu finden, der optisch leicht streckt – ob nun durch seine Form oder durch lockeren Sitz und umspielendes Design. Unbedingt vermeiden solltest du Stege oder Querriegel, die eine gerade Linie bilden – die Beine wirken dadurch deutlich kürzer. Wenn ich mich in einen Schuh verliebe, der meinen Beinen eigentlich keinen Gefallen tut, kaufe ich ihn in Schwarz und trage ihn mit schwarzen Strümpfen, um die Beine optisch zu verlängern.

Tricks vom Fachmann: Was dein Schuster alles kann

Auch wenn es sich als schwieriges Unterfangen entpuppen sollte, such dir einen guten Schuhmacher. (Frag mal nach, mit welchem Betrieb dein Lieblingsschuhgeschäft arbeitet.) Ich kann dir gar nicht sagen, wie oft ich mir schon anhören musste, dass etwas wie ein gebrochener Absatz irreparabel sei. Um dann einen echten Profi zu finden, für den das alles kein Problem ist. Neben den üblichen Reparaturen, wie Absätze oder Sohlen erneuern, kann ein guter Schuhmacher Stiefelschäfte weiten oder spezielle Einlagen für einen zu großen Schuh anpassen. (Natürlich gibt es dafür auch Lösungen aus dem Kaufhaus, die sind aber nicht so gut.) Ich habe mir von meinem Schuster auch schon Ballerinas, die schon bessere Tage gesehen haben, dunkelgrau oder schwarz einfärben lassen. Ein guter Schuhmacher ist besonders wichtig, wenn du ein Haustier hast, das deine Schuhe genauso gern hat wie du: Mein Hund Chloe kaut liebend gerne auf Absätzen herum, und ich bin ziemlich happy, dass ich einen Schuster kenne, der sie retten kann.

TASCHEN

Es gibt Taschen, die wir toll finden, Taschen, die wir tatsächlich benutzen – und natürlich solche, die beide Kriterien erfüllen. Bei Taschen solltest du immer bedenken, dass sie von Künstlern und nicht von Architekten entworfen werden, das heißt, dass das Design *immer* über die Funktionalität geht. Ein Shopper sollte natürlich schön aussehen, aber dennoch immer auch praktisch sein. Wenn dein Kleidungsstil relativ konservativ ist, ist eine Tasche in einer kräftigen Farbe fantastisch geeignet, um dein Outfit aufzupeppen.

DAS EINMALEINS DES TASCHENKAUFS

First things first – prüf zunächst das Gewicht der leeren Tasche. Wenn du auch nur ansatzweise so tickst wie ich, schleppst du deutlich mehr als nur das Nötigste mit dir herum, und das kann schwer werden! Achte deshalb darauf, dass die Tasche selbst nicht schon über zwei Kilo wiegt. Und hüte dich vor zu viel unnützem Schnickschnack – ich liebe den Look zwar auch, aber es kann eine ansonsten ehrliche Tasche ziemlich unhandlich machen. (Deinen Freund die Tasche tragen zu lassen ist keine gute Lösung!) Nimm im Geschäft das ganze Ausstopfmaterial heraus, und ersetze es mit dem Inhalt deiner eigenen Tasche. Passt alles rein? Liegt die Tasche gut auf der Schulter?

Und wenn du schon dabei bist, dann berücksichtige bitte auch all die kleinen, aber wichtigen Details: Schleppst du häufiger ein Laptop mit dir rum? Dann wähle eine Tasche mit stabilen Henkeln. Gehst du viel zu Fuß? Eine Umhängetasche ist eine gute Lösung, wenn du längere Zeit viel Gewicht tragen musst, außerdem hast du die Hände frei. Vergisst du gerne mal, die Deckel auf deine Stifte zu stecken? Dann greif zu etwas Schwarzem oder Dunkelblauem, da fallen die Flecken nicht so auf.

EMPFINDLICHE MATERIALIEN – WILDLEDER- UND LACKLEDERPFLEGE

Wildleder ist wunderbar weich. Einer der Nachteile dieses Materials ist jedoch, dass es allzu leicht die Farbe anderer Gegenstände annimmt: Achtung also bei stark abfärbenden Jeans! Wildleder kann mit der Zeit auch speckig werden. Den betroffenen Bereich kannst du vorsichtig mit einer Nagelfeile wieder aufrauen. Lackleder ist häufig etwas steif und wird schnell fleckig. Behandle es in diesem Fall mit einem mit Nagellackentferner getränkten Baumwolltuch.

EINE TASCHE FÜR JEDE GELEGENHEIT

Taschen gibt es in allen erdenklichen Formen und Größen. Du solltest eine alltagstaugliche Tasche besitzen, die zu deinem Lifestyle passt. Aber auch eine Alltagstasche kannst du nicht bei *jeder* Gelegenheit tragen. Gut also, wenn man etwas Auswahl hat.

ALLTAG: Die Tasche sollte bequem zu tragen sein, Platz für alles bieten, was du jeden Tag brauchst, *und* außerdem noch stylish aussehen.

CLUTCH: Wenn ich abends mit leichtem Gepäck losziehe, greife ich gerne zur Clutch. Sie ist klein, klassisch und sehr feminin. Sie wird in der Regel zu etwas ganz Besonderem getragen und sollte deshalb in einer neutralen Farbe gehalten sein, um nicht vom Outfit abzulenken.

ABENDS: Ich gehöre einfach nicht zu den Mädels, die nur Kreditkarte, Ausweis und ein bisschen Bargeld dabeihaben, wenn sie abends ausgehen. Meine Tasche muss groß genug für alle meine Essentials sein – inklusive Lipgloss, Fotoapparat und Handy.

MAXI-CLUTCH: Inzwischen gehört die Maxi-Clutch auch tagsüber zu meinen Lieblings-optionen. Ihre relativ kleine Größe zwingt mich dazu, mich etwas einzuschränken und nicht haufenweise unnötige Dinge mit mir herumzuschleppen – z.B. fünf Zeitschriften.

SHOPPER: Der Platz sollte so bemessen sein, dass alles reinpasst, was du tagsüber so brauchst – ohne dass die Tasche vollgestopft aussieht oder der Henkel zu reißen droht.

REISE: Die ideale Reisetasche ist gerade groß genug, um Wechselklamotten für einen Tag, ein gutes Buch und ein Laptop unterzubringen. Sie sollte nicht allzu wertvoll, aber doch so trendy sein, dass sie am Zielort auch als Tagestasche dienen kann.

SCHMUCK

Mit etwas Willenskraft lassen sich eine ordentliche Garderobe und ein anständiges Sortiment an Accessoires in relativ kurzer Zeit zusammenstellen. Bei Schmuck ist das leider nicht ganz so einfach. Es ist schön, wenn Schuhe und Kleidung einen emotionalen Wert haben (wie etwa das Kleid, das du beim ersten Date anhattest, oder die „Glücksschuhe", in denen du den neuen Job bekommen hast), aber auf die meisten Teile trifft das eben doch nicht zu. Mit dem Schmuck jedoch, den du jeden Tag trägst – obwohl dieser zugegebenermaßen keinerlei funktionalen Nutzen hat –, verbindest du vermutlich eine besondere Erinnerung.

Ich habe einen riesigen Fundus an Modeschmuck, den ich ziemlich oft anlege. Aber die meisten Stücke sind nicht alltagstauglich. Dieses Privileg ist nur bestimmten Schmuckstücken vorbehalten. Schmuck bedeutet für jeden etwas anderes. Die eine steht auf dicke Edelsteinklunker, die andere auf schlichte Silberarmreifen oder Bettelarmbänder, deren Anhänger über Jahre gesammelt werden. Wenn ich nervös oder weit weg von zu Hause bin, trage ich immer einen Ring oder eine Halskette aus dem Familienbesitz. Es mag kitschig klingen, aber so habe ich eine Erinnerung an Menschen, die ich liebe, bei mir. Natürlich kann man sich Schmuck nicht immer nur schenken lassen – gönne dir ruhig auch mal selbst etwas!

SCHMUCK KOMBINIEREN

Wenn es um Schmuck geht, ist mein erster Gedanke: je mehr desto besser. Aber andererseits würde ich immer, wenn ich eine auffällige Halskette trage, ganz schlichte Ohrringe wählen – oder sie sogar ganz weglassen. Eine zu üppige Ohrring-Halsschmuck-Kombi ist nicht mehr zeitgemäß, und zudem machen sich die Schmuckstücke gegenseitig Konkurrenz. Wenn ich mal besonders viele Armreifen trage, verzichte ich auf dieser Seite komplett auf Ringe. Es kommt letztlich darauf an, ob du Statement-Schmuck magst oder ob du lieber ein bisschen was von allem möchtest. Wenn deine Halsketten, Armreifen und Ringe eher dezent sind und nicht miteinander konkurrieren, kannst du ruhig alles auf einmal tragen.

OHRSCHMUCK

Von allen Schmuckarten sollte insbcsondere Ohrschmuck vor dem Kauf anprobiert werden. Ohrringe, die an einer Freundin filigran wirken, können dein Gesicht vollkommen erschlagen, je nach Kopfform und Haarschnitt. Meine Empfehlung sind dezente alltagstaugliche Ohrringe, vielleicht kleine Diamantstecker oder dezente Goldkreolen – und ein paar größere Stücke für besondere Anlässe.

HALSKETTEN

Wenn du mehrere Halsketten miteinander kombinieren willst, mach daraus keinen Staatsakt – es soll einfach Spaß machen und hübsch aussehen. Wenn du allerdings mehr als vier Ketten trägst, gibt es schnell ein Kuddelmuddel. Das kannst du vermeiden, indem du Ketten unterschiedlicher Länge wählst, von bauchnabellang bis ganz kurz. Ich habe zusätzlich ein paar Ketten in den drei wichtigsten Längen 30, 35 und 45 Zentimeter, sodass ich einen Anhänger auf unterschiedliche Art und Weise tragen kann.

ARMBÄNDER

Wertvollere, feinere Stücke lassen sich hervorragend mit breiteren, robusteren kombinieren. Ein einfaches Goldarmbändchen, einige Ketten und sogar Freundschaftsbändchen – sieht zusammen prima aus! Eine solch bunte Mischung habe ich an meinem Arm besonders gerne.

ECHT ODER FAKE –
GÜNSTIGER SCHMUCK

Trendiger, hochwertiger Modeschmuck macht Spaß und kostet nicht die Welt. Fündig wirst du im Kaufhaus, beim Juwelier oder im Internet.

Und auch bei echtem Diamantschmuck muss es ja nicht immer gleich der größte Klunker sein. Es gibt so viele tolle Alternativen. Lass dich nicht von Karatzahlen blenden, sondern such dir lieber ein Schmuckstück aus, das gut zu dir passt.

DIAMANTCHIPS: Viele Goldschmiede verarbeiten flache Diamantspäne anstelle von geschliffenen Diamanten. Diese können durchaus einen vergleichbaren Effekt erzielen, sind aber deutlich günstiger.

STRASS: Seit Beginn des 19. Jahrhunderts sind die Steine aus bleihaltigem, foliertem und gefärbtem Glas populär. Strasssteine sehen täuschend echt aus und kosten fast nichts im Vergleich zu echten Diamanten. Tollen, aufwendig gearbeiteten Strassschmuck findet man in Antiquitätengeschäften, auf Flohmärkten und natürlich online.

ZIRKONIA: Wenn du ein Paar anständige Ohrstecker suchst, sieh dir mal welche mit Zirkonia an. Je kleiner sie sind, desto echter wirken sie. (Überaus praktisch, wenn du, wie ich, ständig einzelne Ohrringe verlierst.)

Schmuck aufbewahren

In meinen schlimmsten Zeiten waren meine Halsketten derart verheddert, dass ich monatelang gar keine mehr getragen habe – es konnte nämlich Stunden dauern, bis ich das Gewirr aufgelöst hatte. Glücklicherweise habe ich mittlerweile ein paar sichere Aufbewahrungsmethoden gefunden (siehe auch Seite 184, Tipps zum Kofferpacken).

SCHMUCKBAUM: Gibt es in allen möglichen Formen, Ausführungen und Größen. An den „Ästen" lassen sich Ketten und Armbänder einzeln aufhängen und garantiert knotenfrei aufbewahren.

PINS: Lange Pinnadeln mit schönen, runden Köpfen gibt es im Schreibwarengeschäft oder beim Bastelbedarf. Damit kannst du einzelne Schmuckartikel einfach an die Wand pinnen. (Muss nicht perfekt aussehen.) Die Nadeln sind stabil genug, um feine Ketten zu halten, und machen sich gut als Deko an einer nackten Wand.

BETTPFOSTEN: Einzelne Ketten hänge ich in meinem Schlafzimmer an Bettpfosten oder Türgriffe.

HANDSCHUHE

Viele denken bei zarten, damenhaften Lederhandschuhen an Großmutters Zeiten – ein Fehler! Ich liebe knallbunte Handschuhe zu einer schwarzen, braunen oder weißen Jacke. Wenn es kalt ist und du im Mantel unterwegs bist, sieht niemand das Outfit, dass du darunter trägst. Handschuhe sind also ein probates Mittel, um zu zeigen, dass du ein Gespür für Mode und Stil hast – und halten außerdem deine Finger schön warm!

SCHALS UND TÜCHER

In den letzten Jahren haben Schals und Tücher ein unglaubliches Comeback erlebt – und zwar aus gutem Grund. Es gibt kaum eine einfachere Methode, ein Outfit mit einer Portion Farbe und Muster aufzupeppen, als mit einem tollen, warmen und gemütlichen Schal. Mit das Tollste daran ist, dass die Dinger nicht mal die Welt kosten, es sei denn, du möchtest unbedingt kostbare Seide oder die Oversize-Variante aus Kaschmir. Ich stehe besonders auf lange, schmale Schals, weil sie sich am einfachsten tragen lassen. Kombiniere bunte, auffällige Muster eher mit schlichteren Outfits. Neutrale Farben passen zu fast allem.

SEIDENTÜCHER MAL ANDERS

So ein Seidentuch um den Hals kann mit der Zeit ganz schön nerven – nämlich dann, wenn es andauernd abrutscht. Wenn es mal wieder so weit ist, falte ich meines zu einem dünnen Band und binde es um den Henkel einer schlichten Tasche: eine elegante Art, für etwas Farbe zu sorgen. Du kannst das Tuch knoten oder eine Schleife binden, es muss gar nicht so akkurat aussehen.

Manchmal verwende ich ein Tuch auch als Haarband. Es sollte nicht zu breit sein, sonst wird das Ganze zu dick. Falte das Tuch auf etwa acht Zentimeter Breite ein, und binde es dir um den Kopf. Eine schicke Alternative zum Bandana!

DAS UNERWARTETE ACCESSOIRE: NAGELLACK!

Ich weiß, er scheint hier ein wenig fehl am Platz – schließlich handelt es sich um einen Kosmetikartikel –, aber für mich ist Nagellack das i-Tüpfelchen für jedes Outfit. Wenn ich dezent und eher unauffällig gekleidet bin, dann darf es beim Nagellack gerne ein Kracher sein: Rouge Noir, Metallicviolett oder auch mal Neonpink! Es ist eine tolle Art, mit Farben zu spielen, und du kannst einen unverfänglichen Testlauf mit einer Trendfarbe machen. (Ja, sogar beim Nagellack gibt es Trends!) Es macht einfach Spaß, neue Farben auszuprobieren, ohne sie gleich großflächig am ganzen Körper zur Schau stellen zu müssen. Nagellack lässt sich schnell wieder entfernen, schmeichelt jedem Hauttyp und ist obendrein günstig. Was könnte es also Besseres geben?

KAPITEL SECHS

Das passende Outfit

Wenn man in einer Reality-Serie sich selbst „spielt", ist es wichtig, den eigenen Stil zu finden – und das möglichst schnell. Noch wichtiger ist es zu wissen, was einem steht! Wie schon erwähnt, war ich dabei auf mich selbst gestellt. In meinen fünf Fernsehjahren habe ich mir nie von einem Stylisten helfen lassen: Es war allein meine Verantwortung, kein Outfit zweimal zu tragen. Das bedeutet natürlich nicht, dass ich dasselbe Teil nicht mehrmals getragen hätte. Meine liebsten Skinnys, Röcke und weißen T-Shirts kamen ständig zum Einsatz – ich musste sie nur jedes Mal ganz neu aussehen lassen. Dafür habe ich ein paar hilfreiche Strategien entwickelt.

Erst mal habe ich mich überall umgesehen – in Zeitschriften, Modeblogs, auf der Straße und Sonntagmorgens im Café –, mir schnell ein paar Notizen gemacht oder Seiten aus Zeitschriften herausgerissen und die Looks dann später zu Hause ausprobiert. Das ist hilfreich, um auf neue Ideen zu kommen, und man kann geniale Stylingtricks abkupfern (z. B. ein paar Buttons an einen schlichten Blazer pinnen oder sich komplett in einem Farbton anziehen). Wenn man viele verschiedene Eindrücke sammelt, kann man ein gutes Gespür dafür entwickeln, was einem selbst besonders gut gefällt. (Du wirst vielleicht feststellen, dass alles, worauf du abfährst, Preppy oder Victorian oder eine Mischung aus beidem ist.)

Zweitens habe ich mir eine modisch interessierte Freundin und eine Digitalkamera geschnappt, mich gestylt und fotografieren lassen. Du wirst erstaunt sein, wie viele verschiedene Looks du an einem Nachmittag aus ein paar wenigen Teilen rausholen kannst. Wenn dir dazu die Inspiration fehlt, lies einfach auf den nächsten Seiten weiter, ich habe viel Vorarbeit für dich geleistet. Wenn du 15 Outfits findest, hast du 15 Rezepte für jene Tage, an denen du glaubst, nichts zum Anziehen zu haben (und das kommt nur allzu häufig vor …).

Wenn ich jemand anders und *deutlich* organisierter wäre, hätte ich mir längst einen Continuity-Ordner angelegt, wie ihn auch Kostümbildner und -assistenten beim Film nutzen. Die Szenen werden ja nie in chronologischer Reihenfolge gedreht, deshalb muss lückenlos nachvollzogen werden können, was eine Schauspielerin wann trägt, damit keine Brüche entstehen. Oh, ich wünschte, ich hätte dokumentiert, was ich in *The Hills* alles getragen habe – das wäre meine beste Modeberatung überhaupt! Ganz so aufwendig muss es aber gar nicht sein: Perfektioniere ein Outfit, mach ein Foto oder ein paar Notizen dazu und fertig!

Drittens habe ich gelernt, ein Kleidungsstück, sowie ich es kaufe, nicht mehr als etwas Unantastbares, ja fast Heiliges zu betrachten. Klar, es gibt Teile, die sind so in Ordnung, wie sie sind. Aber das ist die Ausnahme, nicht die Regel. Die meisten müssen ein wenig individualisiert werden – ob du nun bei einem Shirt einfach die Ärmel aufrollst oder gar ein Vintage-Kleid zerschneidest, um nur das Unterteil als Rock zu tragen. Der Punkt ist, dass Kleidung nicht perfekt sein muss, sondern Spaß machen soll. Hast du nicht als kleines Mädchen die besten Nachmittage damit verbracht, in einen Kostümkoffer einzutauchen? Um ehrlich zu sein, habe ich immer noch einen solchen Koffer, und zwar nicht nur für Halloween. Mal werfe ich einen Seidenschal, mal eine Vintage-Haarspange hinein. Ich habe über Jahre Modeschmuck angesammelt und besitze mittlerweile mehr davon, als ich tragen kann (mehr dazu auf Seite 81).

Wenn ein wichtiges Ereignis ansteht – ein Vorstellungsgespräch, eine Party, das erste Date –, dann überlege dir besser nicht erst in der letzten Minute, was du anziehst. Das führt mitunter zu panikartigen Anfällen. Denk lieber schon Tage vorher darüber nach, damit du genügend Zeit hast, dies und das auszuprobieren. Das Stylen macht nämlich richtig Laune!

EIN OUTFIT FÜR ALLE FÄLLE

Hier ist ein praktischer Spickzettel für meine Lieblings-Looks, die ich gerne zu einem Date und am Wochenende trage (Vorschläge für Arbeit, Uni und Schule, siehe Kapitel 9; Partyanregungen, siehe Kapitel 11).

DATE AM ABEND

Es gibt kaum etwas Aufregenderes – und Stressigeres – als sich fürs erste Date zurechtzumachen. Deine Kleidung sagt viel über dich aus. Deshalb sollte dir ganz klar sein, welche Botschaft du senden möchtest.

Oft heißt es, man solle zwar gut aussehen, aber gleichzeitig so, als ob man gar nicht versucht hätte, sich zu stylen. Ich bin zwar sehr für schlichte Eleganz, glaube aber wohl, dass man sich ein bisschen ins Zeug legen darf. Das bedeutet nicht, dass du dich in ein Abendkleid werfen und tonnenweise Make-up auflegen musst. (Ich trage bei einem ersten Treffen manchmal Lippenstift. Das hält vom Küssen ab, was ich sehr praktisch finde, da ich mich gerne an die Kein-Kuss-beim-ersten-Date-Regel halte ...) Man(n) darf schon merken, dass du dich hübsch gemacht hast – für ihn!

Mein Ziel ist es, wie eine auf Hochglanz polierte Version meiner selbst auszusehen.

Ich versuche auch immer vorher herauszufinden, was wir unternehmen werden, damit ich das passende Outfit aussuchen kann. Das habe ich mir zur Regel gemacht, nachdem mir mal ein Typ eine SMS geschickt hatte, ich solle Socken mitbringen (ich war gerade aus der Tür raus). Es dauerte eine Sekunde, bis ich begriffen hatte, was er damit meinte: Er wollte mich zum Bowlen ausführen. Ich hatte ein Minikleid und Pumps an – nicht die beste Wahl also! Du solltest auch berücksichtigen, wie groß er ist, damit du ihn im Zweifelsfall in Pumps nicht überragst (es sei denn, du magst das).

Die nächste Hürde ist die Frage, wie viel Haut man zeigen sollte. Jungs wollen ja im Allgemeinen was von deiner Figur sehen. Das bedeutet aber nicht, dass du alles enthüllen musst. Entscheide dich für eine Körperpartie, die du zeigen möchtest, ob nun Schultern oder Beine, und halte andere dafür bedeckt. Sexy ist in Ordnung, bequem soll es trotzdem sein. Du magst deine Argumente haben, aber alles, was zu knapp sitzt oder zu kurz ist, ist weder sexy noch bequem!

Natürlich bin ich auch immer gespannt auf die Meinung der Männer. Frauen sehen Mode ganz anders; was du und deine Freundinnen gut finden, muss bei einem Normalo nicht unbedingt ankommen.

TREFFEN AM TAG

Auch wenn dein Date tagsüber ist, solltest du dich hübsch machen. Sei nicht nachlässig, nur weil ihr euch auf einen Kaffee oder einen Spaziergang im Park statt zum Abendessen trefft. Wenn die Sonne scheint und du es mädchenhaft magst, trag einen verspielten Rock oder ein Kleid. Schöne Jeans und ein hübsches Top sind prima, wenn du es casual halten willst – aber dazu bitte keine Sneakers, sondern schöne flache Schuhe, Boots oder Pumps!

WOCHENENDE

Gerade am Wochenende solltest du dir die Freiheit nehmen, genau das zu tragen, wonach dir der Sinn steht. Allerdings: Wenn du auch nur ein bisschen so gestrickt bist wie ich, dürfte es dir schwerfallen, dich relaxed zu kleiden, ohne dabei gleich schluffig zu wirken.

Zwischen einem sorgsam ausgewählten Outfit und der Jogginghose liegen Welten. Jogginghosen kannst du zu Hause tragen – aber nicht im Supermarkt, nicht am Flughafen und auch nicht beim abendlichen Gang zum Kiosk. Man kann bequeme Sachen tragen und darin großartig aussehen – es erfordert nur ein bisschen mehr Aufwand. Besorg dir also ein paar einfache, lässige Teile (Tanktops, Sommerkleider, T-Shirts).

Kleine Upgrades machen den großen Unterschied: Ein Outfit kann sofort interessanter werden, wenn du beispielsweise die langweiligen Flipflops durch ein hübsches verziertes Paar austauschst. Das Wochenende bietet außerdem die beste Gelegenheit, mal einen Trend auszuprobieren, mit dem du vielleicht schon länger liebäugelst, an den du dich aber fürs Büro oder für den Gang an die Uni oder in die Schule noch nicht so recht herantraust.

EIN KLEINES SCHWARZES, FÜNF OUTFITS

Diese Bilder dienen als Beispiel dafür, wie ein Kleid auf viele verschiedene Arten getragen werden kann – und wie sehr der jeweilige Look von den Accessoires abhängt.

BOHEMIAN: Vintage-Jeansjacke, Spitzenunterrock, Sandalen

ABENDS: verzierte Stilettos, tolle Clutch, schöner Schmuck

PREPPY: Cardigan, Perlenkette, Mary Janes

CASUAL: Oversize-Cardigan, Ballerinas

TRENDY: Lederjacke, Gladiator Heels

STRATEGIEFÜHRER

MUSTERMIX

Ob Streifen, Karos, Polka Dots, Blumen- oder Paisleymuster – die Kombination zweier Muster kann überraschend stylish wirken. Dabei gilt es jedoch, ein paar Dinge zu beachten:

- Wähle Muster mit derselben neutralen Basis, etwa Braun, Schwarz, Weiß oder Grau.

- Die Muster sollten zumindest ein paar gemeinsame Farben aufweisen: Wenn du ein dunkelblau gestreiftes Shirt mit einem bunten Blumenrock kombinierst, sollte ein ähnliches Blau auch im Blumenmuster vorkommen. Das ist besonders dann wichtig, wenn die beiden Stücke nicht auf derselben Hintergrundfarbe basieren.

- Kombiniere Muster unterschiedlicher Größen, beispielsweise Polka Dots mit Balkenstreifen – oder sogar Streifen mit Streifen, solange diese nicht gleich breit sind.

- Nicht übertreiben: Dein Outfit sollte aus maximal zwei gemusterten Teilen und mindestens einem weiteren einfarbigen Element (Cardigan, Strümpfe, Gürtel oder Rock) bestehen.

ALT UND NEU KOMBINIEREN

Ich liebe es, Vintage-Klamotten und -Accessoires in meine Garderobe zu integrieren (siehe auch Seite 47 für etwaige Bezugsquellen). Aber es muss ausgewogen sein. Beschränke dich möglichst auf ein Vintage-Teil pro Outfit – wie die Bluse, die ich zu meinem schwarzen Rock trage –, andernfalls wirkst du schnell, als ob du dich entweder auf eine bestimmte Epoche spezialisiert oder als ob du Omas Kleiderschrank geplündert hättest. Das gilt insbesondere, wenn der Hauptakzent deines Outfits auf Vintage liegt, etwa durch ein Kleid oder eine Abendrobe. In diesem Fall lässt du das paillettenbesetzte Jäckchen oder die Pelzstola bitte weg. Besser ist es, dem Ganzen mit einem trendigen Stück wie einer kurzen Bomberjacke aus Leder, einem Oversize-Blazer oder Ankle Boots ein Update zu verpassen. Es kommt immer auf die richtige Mischung an: Überraschende Kombinationen können sagenhaft gut aussehen und ein altmodisches Kleidungsstück frisch wirken lassen.

Für alle, die bei der Vorstellung, die abgelegten Kleider anderer Leute zu tragen, Ekelanfälle bekommen: Versuch es doch mal mit ein paar Vintage-Accessoires, einer schicken Strasskette etwa oder einem geflochtenen Ledergürtel. Ich gebe zu, dass ich bei Secondhandschuhen ein bisschen pingelig bin – die kommen mir in der Regel einfach eklig vor. Grundsätzlich sind Vintage-Teile super, um einem Outfit Patina und Charakter zu verpassen. Und wenn du bei der Jagd den entsprechenden Biss entwickelst, kannst du ein Stück für den Bruchteil dessen ergattern, was du für etwas vergleichbares Neues hättest hinblättern müssen.

VON DER PERFEKTEN PROPORTION

Ein Outfit muss ausgewogen sein – das ist die wichtigste Regel. Eine Skinny Jeans oder ein anderes enges Unterteil sollte mit einem etwas voluminöseren Oberteil kombiniert werden. Umgekehrt solltest du, wenn du eine weite Bluse trägst, vielleicht nicht zu einer Baggy- oder Boyfriend-Jeans greifen. Wenn der Körper in sackartigen Klamotten steckt, sieht das bei niemandem gut aus. Aber zu viel körperbetonte, knallenge Kleidung ist eben auch nicht vorteilhaft. (Lasst der Fantasie ein bisschen Raum, Ladys!)

Wenn ich mich anziehe, überlege ich mir, welche Körperpartie ich an diesem Tag betonen möchte. Wenn es die Beine sind, ziehe ich meine Skinnys an – ehrlich gesagt, sind sie eine Art Uniform für mich. Dazu trage ich üblicherweise ein weiteres T-Shirt oder einen Oversize-Blazer. Wenn ich ein kurzes Kleid anziehe, darf es nicht zu körperbetont sein. Auch hier gilt wieder: Wenn man relativ viel Bein zeigt, ist das schon genug. Aber wenn ich viel Stoff um die Hüften trage – weiter Rock, Boyfriend Jeans –, greife ich zu einem engeren Tank Top oder zu einer taillierten Jacke. Es ist eben ein echter Balanceakt.

Wie du eine bestimmte Körperpartie kaschieren kannst – egal ob einen großen Busen oder eine knabenhafte Figur –, erfährst du auf Seite 111.

WAS DEIN SCHNEIDER ALLES KANN

Es ist eine Fehlannahme, dass alles, was wir kaufen, perfekt sitzen muss. Aber abgesehen davon, dass kaum jemand wirklich Modelmaße hat (also die Figur, nach der die Konfektionsgrößen geschneidert werden), sind die meisten von uns auch nicht mit perfekten Proportionen gesegnet. (Ich bin's definitiv nicht, mehr dazu auf Seite 109.) Noch verrückter ist, dass bei jedem Fotoshooting – egal ob für eine Zeitschrift oder für einen Katalog – die Kleidungsstücke mit etwa 50 Sicherheitsnadeln und 30 Klemmen am Rücken des Models zurechtgezurrt werden – die schnellste und einfachste Art, etwas wie auf den Leib geschneidert wirken zu lassen, ohne dass ein Schneider eingreifen muss. (Mehr dazu, was bei einem Fotoshooting passiert, auf Seite 213).

Apropos Schneider: Klar, dass der nicht unbedingt günstig ist, aber jemanden zu haben, der deine Kleidung fachgerecht ändern kann, ist der schnellste Weg zu einem perfekten Sitz. Du kannst schließlich nicht mit einem Rücken voller Sicherheitsnadeln auf die Straße gehen! Wenn du deine Kleidung, dort, wo es nötig ist, kürzen, weiter oder enger machen lässt, wird dies deiner Figur mehr schmeicheln als 100 Tage Fitnessstudio.

SCHNELLE TRICKS FÜR DIE PERFEKTE PASSFORM

Auch wenn bei einem Kleidungsstück keine größeren Änderungen erforderlich sind, gibt es noch diverse kleine Verbesserungsmaßnahmen, die du innerhalb kürzester Zeit erledigen kannst.

SÄUMEN: Den Saum eines Kleids oder Rocks mit ein paar Heftstichen zu kürzen ist ganz einfach, man braucht weder eine Schneiderausbildung noch eine Nähmaschine. Normales Garn hinterlässt keine Spuren, falls du den Saum je wieder auftrennen willst oder dich dazu entscheiden solltest, das Kleidungsstück endgültig und fachgerecht zu kürzen. (Tipps zum Kürzen von Jeans unter Erhaltung des Originalsaums, siehe Seite 25). Ich habe immer ein Schächtelchen Sicherheitsnadeln zur Hand, weil manchmal schon zwei oder drei davon ausreichen, um etwas hochzustecken (insbesondere an einer unauffälligen Stelle). Alternativ erfüllt auch beidseitig klebende Bügeleinlage denselben Zweck. Ich bügle den Saum einmal vor, damit die Falte besser hält.

UMSCHLAGEN: Es ist einer der einfachsten Stylingtricks überhaupt – Jacken- und Blusen-ärmel oder Hosenbeine sind schnell hochgekrempelt und können dabei auch noch ziemlich trendy aussehen. Gleichzeitig bringt es zusätzliches Volumen, falls ein Teil an dir schwimmt (z.B. ein Herrenhemd). Rolle den Stoff in diesem Fall erst ein bisschen auf, bevor er umge-schlagen wird. Es muss nicht perfekt oder symmetrisch sein. Manchmal krempele ich die Ärmel auf und schiebe sie dann noch ein bisschen hoch, damit es lässiger aussieht.

GÜRTEL: Es gibt kaum einen besseren Verbündeten für eine Frau als einen schönen Gürtel. Die Taille zu betonen ist definitiv immer eine gute Idee, und zu diesem Zweck gibt es nichts Effektiveres, als sich etwas umzubinden. Außerdem lässt sich mit einem Gürtel der ganze Extrastoff voluminöser Oberteile bändigen, in dem die Silhouette generell leicht untergeht. Ein Gürtel ist auch sehr praktisch bei einem zu großen Rock. Ich raffe den Bund zusammen, stecke ihn fest und kaschiere meine Improvisation dann mit einem Gürtel.

FESTSTECKEN: Wenn ein Oberteil zu groß ist und du keinen Gürtel verwenden möchtest, um die Taille zu betonen, raffe etwas Stoff auf dem Rücken zusammen und stecke ihn mit einer Vintage-Brosche fest. Das ist im Handumdrehen erledigt und sieht auch noch richtig schick aus. (Wenn du jedoch den ganzen Abend sitzt und dich hinten anlehnst, könnte es ungemütlich werden – das solltest du bedenken.)

FARBE BEKENNEN

Es ist echt ein Jammer, dass so viele Menschen nicht mehr Mut zur Farbe haben. Schließlich ist es eine der besten Möglichkeiten, ein Outfit aufzupeppen. Schwarz ist zwar schick, aber Rot macht eben viel mehr Laune. Wenn du sich noch nicht so recht traust, beginne mit kleinen Farbtupfern (z.B. Schuhe oder eine Tasche), und arbeite dich langsam bis zum knallfarbenen Oberteil vor. Für die richtig Mutigen kommt vielleicht auch ein Layering verschiedener Nuancen einer Farbe infrage, z.B. ein mintgrünes Oberteil unter einem tannengrünen Cardigan.

Leider lässt sich nie pauschal sagen, welche Farbskala genau zu deinem Hauttyp passt. Das ändert sich nämlich – je nach Jahreszeit. (Es gibt viele Farben, die ich tragen kann, wenn ich gebräunt bin, die ich aber nie im Winter anziehen würde.) Für einen Schnelltest halte dir das Kleidungsstück bei relativ hellem Licht ans Gesicht und beobachte, was es mit deinem Teint macht. Falls du keinen Spiegel zur Hand hast, gilt die Faustregel: Je tiefer und satter der Farbton, desto tragbarer ist er. Pastellfarben oder Naturtöne können schnell kritisch werden.

Wenn dich deine Lieblingsfarbe blass macht (ich liebe Violett, obwohl ich leider schrecklich darin aussehe), bedeutet das nicht, dass du sie gar nicht tragen kannst. Achte einfach darauf, dass sie deinem Gesicht nicht zu nahe kommt. Wähle eher einen Rock, Hosen oder auch Schuhe in diesem Farbton.

STYLE KENNT KEINE REGELN

Auch auf die Gefahr hin es zu übertreiben (aber man kann es einfach nicht oft genug sagen): In der Mode gibt es keine Gesetze. Du kannst den ganzen Winter Weiß tragen (elfenbeinfarbene Hosen sehen toll aus mit Reiterstiefeln und einem Oversize-Pullover), auch wenn all die ewig Gestrigen behaupten, dass das bereits im Herbst gar nicht mehr geht. Nicht ganz einfach, aber möglich: Schwarz und Dunkelblau in einem Outfit. Du musst nur auf unterschiedliche Stoffqualitäten achten: Ein dunkelblauer Blazer geht nicht so gut mit schwarzen Stoffhosen, aber definitiv zu schwarzen Jeans. Halte Ausschau nach guten Inspirationen, und du kannst fast alles wagen.

PROBLEMZONEN

In einer Stadt wie Los Angeles begegnen einem unweigerlich eine ganze Menge Menschen mit Körperbildstörungen. Tatsächlich habe ich noch keine Frau getroffen – Starlets und Models eingeschlossen –, die nichts an ihrem Körper auszusetzen gehabt hätte. Das ist eigentlich tragisch und eine unglaubliche Verschwendung emotionaler Energie. Nur zur Info: Ich bin nie wirklich zufrieden mit meinen Oberschenkeln. (Egal, wie viel ich gerade wiege, sie sehen immer gleich aus. Meiner Meinung nach sind sie zu kurz und zu kräftig.) Du findest sie vermutlich ganz okay, oder? Das könnte daran liegen, dass ich die Einzige bin, der das jemals auffällt. Denk daran, wenn du dich selbst vor dem Spiegel auseinandernimmst. Man kann immer etwas Negatives finden, oder? Ich bin eher dafür, Körperpartien, die man nicht so gerne an sich mag, einfach auszublenden und sich auf diejenigen zu konzentrieren, die man schön findet. Ich versuche also, meine Oberschenkel zu ignorieren, und betone stattdessen meine Schulterpartie.

SCHOKOLADENSEITEN

Es hört sich vielleicht ein bisschen merkwürdig an, aber du darfst mir glauben: Es gibt Körperteile, die bei fast jeder Frau zart und feminin wirken. Dazu gehören Handgelenke, Fesseln und das Schlüsselbein. Zeig diese Partien ruhig her – etwa indem du eine Jacke mit verkürzten Ärmeln, 7/8-Hosen oder ein Oberteil mit V-Ausschnitt trägst – das ist auf jeden Fall vorteilhaft.

ZEIGT HER EURE ...

SCHULTERN UND ARME: Trägerlose Kleider ziehen den Blick sofort auf Oberarme und Schulterbereich. Dasselbe gilt für jede Art von schulterfreien Tops. (Wenn du obenrum eher schmal bist, lassen sie deine Schulterpartie außerdem etwas breiter erscheinen.) Ich kaufe Oberteile in der Regel eine Nummer größer, sodass sie mir von der Schulter rutschen und femininer aussehen.

BEINE: Bei der Rocklänge gibt es keine Standardempfehlung für einen vorteilhaften Schnitt. Manche Mädels finden ihre Knie schön und zeigen sie auch gern, andere halten sie lieber mit Stoff bedeckt. Zieh den Rock mit den Händen einfach etwas höher oder tiefer, um zu sehen, welche Saumlänge ideal für dich ist. Und wenn du eine kürzere Länge bevorzugst, aber trotzdem nicht viel Haut zeigen willst, sind Strümpfe immer eine gute Option.

Beachte, dass die Beine umso schlanker wirken, je üppiger der Rock geschnitten ist. Alles, was zu eng anliegt, hat den gegenteiligen Effekt. (Am schlimmsten ist die sprichwörtliche „Wurstpelle".)

Um seine Beine zu betonen, muss man gar nicht viel Haut zeigen: Gut sitzende Skinnys oder Straight-Leg-Jeans haben dieselbe Wirkung.

DEKOLLETÉ: Es gibt diverse Möglichkeiten, das Dekolleté zu betonen, ohne gleich einen tiefen Ausschnitt und einen Push-up-BH zu tragen. Hier ist Zurückhaltung geboten, denn alles, was zu tief blicken lässt, kann schnell billig wirken. Meine Faustregel ist es, nie mehr als zwei Zentimeter vom Busenansatz zu zeigen, was sich sowohl mit einem Rund- als auch einem V-Ausschnitt gut machen lässt. Tipp: Wenn dein Oberteil weit *und* tief ausgeschnitten ist, achte gut darauf, dass niemandem die Augen ausfallen, wenn du dich nach vorne beugst.

HINTERN: Alles, was an Hintern und Hüften gut sitzt, ist eine kluge Wahl – ob es der knielange Bleistiftrock oder eine tolle schwarze Hose ist. Entscheidend ist, dass der Stoff nicht zu stark aufträgt, gerade bei einem ausgestellten Rock oder bei extrem weiten Baggy-Jeans. Ansonsten wirst du deine Kurven kaum noch in Szene setzen, sondern eher wuchtig wirken.

TAILLE: Verstecke deine Taille nicht unter Bergen von Stoff (z.B. mit einem zeltartigen Oberteil). Wähle stattdessen tailliert geschnittene Blusen oder Shirts, die nicht allzu weit sind. Wie bereits erwähnt, lässt sich die Taille ganz leicht mit einem Gürtel betonen, um die Aufmerksamkeit auf eine Sanduhrform zu ziehen. Wenn du mehrere Kleiderschichten inklusive Jacke trägst, sollte die oberste entweder tailliert geschnitten sein oder nur bis zur Taille reichen. Beides lenkt den Blick auf die Körpermitte.

GUT KASCHIERT

OBERARME: Angeschnittene Ärmel sind nur was für Frauen mit schlanken, gut definierten Oberarmen. Greife ansonsten besser zu 3/4-Ärmeln oder Blusen mit weiteren Ärmeln (die deine Arme im Vergleich schlanker machen). Oberteile mit Fledermaus- oder Dolmanärmeln sind ebenfalls eine gute Wahl, da sie die komplette Silhouette verändern und von der Problemzone ablenken.

OBERSCHENKEL: Wie bereits erwähnt, zählen meine Oberschenkel nicht zu meinen größten Vorzügen. Ich liebe Röcke mit A-Linie, weil der Stoff nicht an den Oberschenkeln klebt. Weil meine Beine nicht besonders lang sind, kürze ich die meisten Röcke und all meine Minikleider um ein paar Zentimeter, um Länge vorzutäuschen.

Normalerweise sind Skinny Jeans ein Horror für Mädels mit kräftigen Oberschenkeln. Ich kombiniere sie einfach mit längeren Oberteilen, um die kritischen Stellen zu verdecken, und achte darauf, dass die Hose nicht zu lang ist – ein gängiges Problem bei einer Röhre. Wenn das Hosenbein an den Knöcheln Falten wirft, wird die Silhouette unvorteilhaft beeinträchtigt. Ebenfalls unbedenklich bei kräftigen Oberschenkeln ist eine Boot Cut Jeans; der leichte Schlag gleicht die Proportionen aus.

BÄUCHLEIN: Lass die Finger von haftenden Stoffen und wähle dickeres, strukturierteres Material. Das schafft eine glattere Silhouette und kaschiert das ein oder andere Pölsterchen. Prints lassen die Figur eher kräftiger wirken. Einfarbigen Oberteile sind daher tendenziell die bessere Wahl.

Ich liebe Oberteile im Empirestil – besonders, wenn ich abends unterwegs bin und viel esse. Da muss man definitiv nicht den Bauch einziehen, vor allem, wenn das Teil aus Jersey oder einem dickeren Baumwollstoff besteht.

Wenn du etwas Figurbetonteres tragen möchtest, kann ich Shapeware wärmstens empfehlen. Figurformende Unterwäsche schummelt Röllchen weg und sorgt für eine harmonische Silhouette. Bei manchen Modellen mag dir im ersten Moment der Atem stocken – aber wenn du dich erst mal daran gewöhnt hast, wirst du nicht mehr darauf verzichten wollen.

OBERWEITE: Das Schlimmste, was du deiner Figur antun kannst, wenn du einen großen Busen hast, ist ein unförmiges Oberteil. Das hat eine zeltartige Wirkung und packt gleich mal zehn Pfund auf deine Figur drauf. Lass auch die Finger von Tops, die durch zusätzlichen Stoff, etwa durch Falten, Raffungen oder Drapierungen, noch mehr Volumen erzeugen. Wähle stattdessen schlichte, leicht taillierte Sachen.

HÜFTEN: Ein breites Becken lässt sich schwer kaschieren, weil es nun mal zum Körperbau gehört. Aber kurvige Hüften können auch sehr sexy sein! Versuch, deine Proportionen auszugleichen, indem du obenrum etwas Breite schaffst, dabei aber immer die Taille betonst. Wenn du schon die Figur eines 50er-Jahre-Pin-up-Girls hast, dann setz sie auch ins rechte Licht!

DIE PERFEKTEN PROPORTIONEN

Die Sache ist ja die: Es geht gar nicht darum, unbedingt einen perfekt proportionierten Körper zu haben oder erlangen zu müssen. Wir wollen vielmehr den Eindruck perfekter Proportionen erwecken. Für viele ist die klassische Sanduhrsilhouette der Inbegriff der perfekten Figur – natürlich in unterschiedlichen Ausprägungen, je nach Geschmack. Es kommt letztlich immer darauf an, die Proportionen auszugleichen: Wenn dein Hintern also etwas breiter ist, sorge obenrum für etwas Volumen, und wenn du einen großen Busen hast, eben untenrum. Wenn du bei der Wahl deiner Kleidung darauf achtest, kann das deine ganze Erscheinung verändern. Natürlich hat jeder eine ganz eigene Vorstellung vom perfekten Körper – lass die Welt also deine sehen (aber bitte mit Stil)!

KAPITEL SIEBEN

Make-up

*I*ch habe angefangen, mich zu schminken, als ich in der siebten Klasse war. Ich hatte eine von diesen abgefahrenen Schminkpaletten mit ungefähr 72 Lidschattenfarben. Das war recht praktisch, weil ich es damals cool fand, meinen Lidschatten farblich mit meinem Outfit abzustimmen. Ich habe haufenweise Lila verwendet (und getragen) – eine Farbe, die mir eigentlich überhaupt nicht steht. Vielleicht trage ich deshalb heute überhaupt keinen Lidschatten mehr. In diesem Schminkkasten waren auch zwei „Gesichtsfarben" enthalten, mit denen ich viel herumexperimentiert habe. Die eine war viel zu dunkel für meinen Teint, die andere viel zu hell. Ich habe den helleren Ton ausprobiert, der mich derart blass gemacht hat, dass ich auf einer unserer Familien-Weihnachtskarten wie eine Pantomimekünstlerin aussehe. Wann immer ich meine Mutter ärgere, droht sie mir, das Bild ins Internet zu stellen.

Wie alle, die ich kenne, habe ich mir im Wesentlichen selbst beigebracht, wie man sich schminkt – es existieren jede Menge oberpeinliche Fotos aus dieser „Lernphase". Man macht zwangsläufig viele Fehler, aber die gehören ganz einfach dazu. Mit der Zeit und etwas Hilfe (wie sie z. B. dieses Kapitel bietet) lässt sich aber ganz gut herausfinden, wie man seine besten Seiten betont, ohne auszusehen, als trüge man eine Kriegsbemalung.

Abgesehen von den Erfahrungen, die ich durch Trial and Error gesammelt habe, hatte ich das Glück, über die Jahre mit vielen talentierten Make-up-Artists zusammenzuarbeiten, von denen ich mir viele Tricks abgeschaut habe. (Du kannst dir beispielsweise in deiner Parfümerie oder bei der Kosmetikerin Tipps holen – vor allem, wenn du dort ohnehin ein oder zwei Beauty-Produkte kaufst.) Eine meiner absolut liebsten Make-up-Artists ist Amy Nadine Rosenberg, die mir bei der Entwicklung meines eigenen Looks half. Ich liebe Amy nicht nur für die Art, in der sie ihre Make-up-Pinsel schwingt, sondern auch weil sie immer persönlich auf mich eingeht. Wie zum Beispiel beim Thema Lidschatten: So irrational meine Abneigung dagegen auch sein mag (ich bin überzeugt, mit Lidschatten älter oder überschminkt auszusehen) – sie lässt ihn bei mir eben einfach weg. Es wird ja oft behauptet, dass jede Komponente wichtig für ein komplettes Make-up sei, aber das ist einfach nicht wahr. Lies einfach weiter – Amy hat jede Menge toller Tipps für meine Lieblingslooks auf Lager, die du auch selbst zu Hause ausprobieren kannst.

ABER … bevor du dich mitten hinein ins Vergnügen stürzt, möchte ich noch ein paar ernste Worte zum Thema Schönheit verlieren. Sie mag tiefer gehen als unsere diversen Hautschichten; achte bei deiner Haut jedoch unbedingt auf gute Pflege, selbst wenn du noch so jung bist, dass noch keine Anzeichen der Alterung sichtbar sind. Wie du vielleicht weißt, bin ich im Orange County aufgewachsen, wo Sonnenbaden ungefähr so selbstverständlich ist wie Zähneputzen. Ich habe als Kind und Jugendliche die meiste Zeit am Strand verbracht, und wenn ich nicht am Strand war, habe ich im Freien Fußball oder Tennis gespielt. Leider war ich beim Auftragen von Sonnencreme nie so eifrig, wie ich es hätte sein sollen. Ich hatte nicht oft Sonnenbrand, weshalb mir der tägliche Sonnenschutz nicht so wichtig erschien. Du kannst dir meine Überraschung vorstellen, als der Hautarzt mir (im reifen Alter von 14 …) sagte, dass er veränderte Zellen auf meinem Rücken entfernen müsse, aus denen sich einmal Krebs entwickeln könnte. Selbst nach einer Behandlung bei einem plastischen Chirurgen trage ich immer noch die Erinnerung daran mit mir herum – in Form von Narben. Creme dich also ein, selbst wenn es draußen gar nicht so sonnig ist oder du deine Haut für unempfindlich hältst. Die UV-Strahlen sind eine ernst zu nehmende Gefahr für deine Gesundheit. Meine Narben sind der Beweis dafür!

TAGES-MAKE-UP

„Ziel ist, einen Look zu schaffen, der schön aussieht und unkompliziert ist; direktes Sonnenlicht lässt dich schnell angemalt aussehen, halte es deshalb einfach und dezent!" – Amy Nadine

GESICHT

Nachdem du dein Gesicht gereinigt, Gesichtswasser und eine Tagescreme (mit LSF!) aufgetragen hast, geht es wie folgt weiter:

1. Wärme einen Klecks Grundierung oder getönte Feuchtigkeitscreme in deiner Handfläche an. (Kümmere dich jetzt noch nicht um Hautunregelmäßigkeiten, die sind später dran.)

2. Verteile die Grundierung rasch in kreisenden Bewegungen mit einem Foundation-Pinsel oder mit den Fingern auf Gesicht und Hals. (Mit den Fingerspitzen kommst du prima überall hin. Achte aber unbedingt darauf, dass deine

Hände sauber sind.) Wenn du dein Gesicht mit Sunblocker und Hut schützt, könnte es etwas heller sein als Schultern und Gesicht. Stimme die Foundation auf deine Hals- und Brustpartie ab, sonst wirkt dein Gesicht viel blasser als der Rest des Körpers (was in meiner Branche eine echte „Red-Carpet-Katastrophe" wäre).

3. Tupfe auf alle Problembereiche Concealer und verblende diesen. Mit einem genau auf die Hautfarbe abgestimmten Concealer lassen sich kleine Makel wie Augenringe, Rötungen etc. wegmogeln (mehr dazu auf Seite 138).

4. Trag etwas losen Transparentpuder auf Stirn, Nase und Kinn auf. Die Wangen sollten frei bleiben.

ROUGE UND BRONZER

Rougefarben gibt es viele, und die meisten stehen fast allen Frauen. Die beste alltagstaugliche Farbe ist ein Apricot- oder Pfirsichton. Wenn du die Auswahl hast, greif zu einer möglichst orangefarbenen Schattierung, um einen Pinkstich auf der Haut zu vermeiden. Cremerouge ist zwar schön, aber aufwendig, weil es von der Haut absorbiert wird und nachgelegt werden muss. Wähle fürs Tages-Make-up deshalb ein mattes Puderrouge. Für einen hübschen Apfel-bäckcheneffekt lächle dir selbst im Spiegel zu, und trag etwas Rouge auf dem höchsten Punkt der Wangenknochen auf. Fixiere das Ganze mit transparentem Puder.

Für einen strahlenden California-Look ist der Einsatz eines Bronzers ganz wichtig. Besorg dir einen mattierenden, nicht orangefarbenen Bronzing-Puder (am besten funktioniert helles Braun oder dunkles Taupe) und einen Kabuki-Pinsel, mit dem sich problemlos ein natürlich frischer Teint zaubern lässt. Dann gehst du wie folgt vor:

1. Sieh in den Spiegel und zieh die Wangen ein.

2. Trag den Bronzer über den so entstanden Höhlungen sowie direkt unter und über den Wangenknochen auf. Du beginnst dabei immer innen und arbeitest dich bis zum Haaransatz vor.

3. Gib in lockeren, kreisenden Bewegungen etwas Bronzer auch auf Schläfen, Haaransatz, neben den Nasenrücken und unter die Kieferlinie.

4. Bestäube den Hals mit Bronzer; zwischen Gesicht und Hals dürfen keine Ränder entstehen.

5. Damit es natürlich aussieht, gib einen Hauch Transparentpuder auf denselben Pinsel, und verblende diesen mit dem Bronzer. Bearbeite alle Bereiche so lange, bis keine Übergänge mehr sichtbar sind.

AUGEN

„Lauren und Lidschatten werden in diesem Leben keine Freunde mehr.
Aber es gibt andere Möglichkeiten, die Augen zu betonen." – Amy Nadine

Ein ziemlich dramatischer Effekt lässt sich mit schwarzem, flüssigem Eyeliner erzielen. Es heißt ja immer, ein perfekter Lidstrich sei schwierig zu ziehen – es ist aber viel einfacher, als du vielleicht denkst:

1. Stütz deinen Arm auf einem festen Untergrund ab, damit du die Bewegung aus dem Handgelenk heraus führen kannst – eine ruhige Hand ist das A und O für einen perfekten Lidstrich mit Flüssig-Eyeliner.

2. Setz den Pinsel oder Stift am inneren Augenwinkel an und zieh direkt über dem Wimpernkranz eine Linie bis zum äußeren Augenwinkel. Je weniger Druck du ausübst, desto feiner wird die Linie. Du kannst immer noch einen zweiten, kräftigeren Strich darüberlegen, also beginne erst mal dezent!

3. Am äußeren Augenwinkel setzt du den Lidstrich ab und stellst dir dein Gesicht als Uhr vor. Die Vertikale, von der Pupille bis zur Augenbraue, steht für die Zwölf-Uhr-Linie; die Horizontale, zwischen Augenmitte und Ohr, für die Drei-Uhr-Linie. Für einen Cat-Eyes-Look ziehst du einen Schwalbenschwanz in Richtung 1.30 Uhr. Der Lidstrich wird um etwa eine Wimpernlänge schräg nach oben verlängert und sollte auf Höhe des Brauenbogens enden.

Falls sich das kompliziert anhört, hilft nur eines: üben, üben üben! Zieh den Schwalbenschwanz schrittweise weiter nach außen, um zu sehen, wie weit du gehen kannst, ohne dass es maskenhaft aussieht. Make-up ist ja nur eine vorübergehende Angelegenheit – wenn es also misslingt, wisch das Ganze mit einem Kosmetiktuch und etwas Make-up-Entferner ab, und starte einen neuen Versuch. Ein Lidstrich kann die Augenform ziemlich verändern: Er streckt sie optisch, sodass es wirkt, als stünden sie weiter auseinander.

Zuletzt tuschst du deine Wimpern – mit klümpchenfreier Mascara. Führ dabei die Bürste in kämmenden Zickzackbewegungen, horizontal und vertikal, über die Wimpern. Auf diese Weise bekommt jedes einzelne Härchen etwas Farbe ab.

LIPPEN

Fürs Tages-Make-up nimmst du am besten farblosen Gloss oder Balm. Das wirkt natürlich und ist unkompliziert.

ABEND-MAKE-UP

„Laurens Abendlook ist eigentlich nur eine dramatischere Version ihres Tageslooks: kräftigerer Lidstrich, ein paar aufgeklebte Wimpern und etwas mehr Rouge." – Amy Nadine

GESICHT

Beginne mit einer deckenden Grundierung, um Hautunregelmäßigkeiten auszugleichen. Dein Gesicht sollte wie eine perfekt glatte Leinwand wirken.

1. Verwende ein Schwämmchen oder einen Foundation-Pinsel für ein extrasamtiges Finish.

2. Arbeite Transparentpuder in die Haut ein. Das geht am besten mit einer Puderquaste.

3. Unter den Augen verteilst du Creme-Concealer, der einen halben Ton heller ist als die Haut.

4. Die Lider bleiben erst mal unberührt.

ROUGE UND BRONZER

Durch die Grundierung ist die Haut schön ebenmäßig (was prima ist!), das Gesicht wirkt aber noch sehr flächig. Deshalb musst du jetzt für etwas Kontur sorgen.

1. Verwende dieselben Farben, die du auch für das Tages-Make-up benutzt. Gib etwas mehr Rouge als sonst auf die Wangen, dann den Bronzer. Mattiere das ganze Gesicht leicht mit Transparentpuder.

2. Trag mit einem Fächerpinsel nude- oder goldfarbenen, dezent schimmernden Highlighter auf die Wangenknochen auf, bis zum Haaransatz. Dadurch wird das Licht wunderbar reflektiert. Puderförmiger Highlighter wird immer am besten in Schichten aufgetragen (deshalb ist der Fächerpinsel so wichtig). Trag so viel auf, bis der gewünschte Effekt erreicht ist, aber übertreib es nicht. (Es ist immer leichter, im Nachhinein noch etwas mehr aufzutragen, als alles abzuwischen und von vorn zu beginnen.)

3. Setz mit einem dünnen Lidschattenpinsel etwas Highlighter in einem Nudeton unter den Augenbrauenbogen. Verwende *kein* Weiß: Das ist viel zu auffällig.

AUGEN

AUGENBRAUEN: Für einen schöneren Look füll die Brauen mit einem braunen Augenbrauenstift oder Lidschatten auf. Selbst bei dunkelbraunen Augenbrauen sollte kein dunklerer Ton als Taupe verwendet werden. (Dunklere Farben sind ausschließlich für die Bühne oder den Laufsteg gedacht.) Es geht darum, dass die Brauen ebenmäßig wirken – halte beim Auftragen etwa 30 Zentimeter Abstand vom Spiegel, dann kannst du das Ergebnis besser beurteilen.

1. Beginne innen und arbeite dich mit kleinen Strichen in Haarwuchsrichtung nach außen vor, bis zum Ende des Brauenbogens.

2. Falls nötig, wiederhole das Ganze – diesmal aber von außen nach innen.

3. Prüf, ob beide Brauen gleichmäßig aufgefüllt sind.

AUGENLIDER: Mach einen Test, indem du mit dem Eyeliner einige Linien auf deinem Handrücken ziehst. Denk daran: Je fester du aufdrückst, desto kräftiger wird der Strich.

1. Beginne am inneren Augenwinkel, und zieh eine feine Linie über das erste Viertel des oberen Lidrands.

2. Verstärke dann den Druck etwas, und lass die Linie bis fast zum Ende des Wimpernkranzes dicker werden.

3. Für die letzten paar Millimeter bis zum äußeren Augenwinkel verstärkst du den Druck noch mal.

4. Zieh einen kleinen Schwalbenschwanz nach oben, in Richtung 1.30 Uhr.

Du musst keinen perfekten Lidstrich in einem Zug hinbekommen. Korrigiere ihn so oft, bis er perfekt ist.

WIMPERN: Künstliche Wimpern sorgen für zusätzliches Volumen und Länge.

1. Tusche die Wimpern an Ober- und Unterlid kräftig. Klümpchen musst du gegebenenfalls auskämmen.

2. Setz drei kurze und sechs mittellange Kunstwimpern auf den oberen Lidrand: in die Mitte und an den äußeren Augenwinkel (mehr zum Thema, siehe Seite 131).

Du kannst den unteren Lidrand mit Lidschatten betonen. (Da dieser hier zweckentfremdet wird, ist das in Ordnung für mich.) In der Regel wird weiches Schwarz verwendet, aber zu manchen Outfits passt auch leuchtendes Blau, dunkles Violett, Grau oder Kupfer.

1. Nimm etwas Lidschatten mit einem befeuchteten angeschrägten Pinsel auf.

2. Tupf den Pinsel erst auf dem Handrücken ab, um etwaige Klümpchen abzustreifen.

3. Beginne außen, und tupfe mit dem Pinsel eine Linie entlang des unteren Wimperkranzes auf. Sie sollte nach innen hin immer feiner werden und nur über etwa 3/4 der Länge aufgetragen werden. So wird das Auge optisch gestreckt und wirkt mandelförmig.

Für einen besonders dramatischen Effekt trägst du schwarzen Kajal oder Lidschatten entlang der Wasserlinie (die Linie zwischen Wimpernkranz und Augapfel) auf – in deiner bevorzugten Technik. Entweder du setzt den Stift in der Mitte an, schließt das Auge und ziehst ihn nach außen (wobei du das Auge geschlossen hältst), oder du ziehst das Unterlid vorsichtig vom Auge weg und trägst die Farbe direkt auf. Wiederhole das Ganze am oberen Lidrand.

Praktische Alternative

Als Cremerouge noch nicht erfunden war, diente Lippenstift als praktische Alternative zu Rouge. Und noch immer ist Lippenstift eine tolle Notlösung für unterwegs, wenn das Gesicht eine schnelle Auffrischung braucht. Verreibe etwas Lippenstift zwischen den Fingern, um ihn zu erwärmen, und klopf ihn dann in Haut über den Wangenknochen ein.

LIPPEN

Wenn die Augen stark betont sind, solltest du die Lippen in einem dezenten Nudeton halten. So erzielst du eine glänzende, verführerische Wirkung.

1. Grundiere die Lippen mit nudefarbenen Konturstift (so hält die Farbe länger). Wähle einen ins Rosa gehenden Braunton, einen bräunlichen oder taupefarbenen Nudeton.

2. Trag dann den Lippenstift auf – ganz nach Belieben matt, glänzend oder mit Perlmutteffekt.

3. Zum Schluss legst du noch nudefarbenen oder farblosen Lipgloss auf.

Viele haben die Befürchtung, mit nudefarbenen Lippen blutleer zu wirken. Wenn Augen und Wangen, wie hier, reichlich Farbe bekommen, ist das aber nicht der Fall!

MIT FALSCHEN WIMPERN KLIMPERN

Falsche Wimpern – hört sich erst mal kompliziert und aufwendig an, dabei ist das Anbringen eigentlich nicht so schwer, wenn du den Dreh erst mal raushast. Und die Klimperwimpern sorgen für zusätzlichen Glamour. Ich habe mich lange geweigert, sie selbst anzukleben, bis Amy mich davon überzeugt hat, dass auch ich das schaffe. Einzelne Wimpern einzusetzen ist zwar schwieriger (sie können sich verdrehen, während der Kleber trocknet) und dauert länger, aber sie wirken sehr natürlich und unglaublich toll. Wimpernbänder gehen natürlich auch, sind aber auffälliger.

Besorg dir in der Drogerie oder Parfümerie Sets mit Miniwimpern, kurzen, mittellangen und langen Wimpern. Wenn du eine Kombipackung online kaufst, bestell gleich ein Extra-set Minis dazu. Außerdem brauchst du Wimpernkleber, und zwar am besten durchsichtigen. Du kannst die Wimpern mit den Fingern einsetzen (für mehr Kontrolle); die meisten Make-up-Artists verwenden aber eine Pinzette. Das ist Geschmackssache.

1. Trag zwei Schichten Mascara auf den oberen und unteren Wimpernkranz auf.

2. Gib einen Tropfen Kleber auf den Handrücken, und lass ihn mindestens eine Minute antrocknen.

3. Nimm pro Auge drei lange, vier mittellange, drei kurze und drei Miniwimpern aus der Packung, und reihe sie auf deinem Handrücken auf.

4. Setz zwei lange Wimpern ans äußere Ende des Wimpernkranzes, und zwar so, dass sie möglichst nah beisammenstehen. Für einen Katzenaugeneffekt sollten die Wimpern im 45-Grad-Winkel nach außen zeigen.

5. Direkt daneben, in Richtung Augenmitte, setzt du die restlichen Wimpern in folgender Anordnung: eine mittlere, eine lange, drei mittlere und dann drei kurze. Wenn der Abstand zwischen Wimpernkranz und Augenbraue bei dir relativ gering ist und die langen Wimpern zu sehr nach Karneval aussehen, eretz sie durch Wimpern mittlerer Länge. (Insgesamt brauchst du in diesem Fall fünf mittellange und fünf kurze Wimpern).

6. Im unteren Wimpernkranz setzt du außen drei Minis zwischen die echten Wimpern. Wenn deine eigenen Wimpern sehr lang sind, verwendest du eher drei kurze Kunst- wimpern. Achte drauf, sie richtig herum einzusetzen.

PERFEKTES MAKE-UP
IN WENIGER ALS FÜNF MINUTEN

„Bei manchen Dingen kommt es auf die richtig Dosis an: Zu viel Make-up kann übertrieben wirken, vor allem wenn man nur nachmittags in der Stadt unterwegs ist." – Amy Nadine

Amy Nadine war eine brillante Lehrmeisterin für mich. Mittlerweile schaffe ich es, in nur sechs einfachen Schritten toll auszusehen:

1. Benutz eine Creme-to-Powder-Foundation (diese wird aufgetragen wie Creme, hat aber einen mattierenden Pudereffekt). Das geht einfach und deckt sehr gut, weshalb du dir Concealer und Puder sparen kannst. Mit einem Schwämmchen lässt sich die Puder-Foundation leicht auf Gesicht und Hals verteilen (30 Sekunden).

2. Auf die höchste Stelle der Wangenknochen kommt etwas Rouge; am Haaransatz, auf Schläfen, Wangen, Nase, Kinn und Hals trägst du Bronzer auf (60 Sekunden).

3. Umrande die Augen mit Kajal oder feuchtem Lidschatten (60 Sekunden).

4. Tusche die Wimpern (60 Sekunden).

5. Leg deinen Lieblingslippenstift oder -gloss auf (zehn Sekunden).

6. Die restlichen 80 Sekunden kannst du nutzen, um Lidschatten in einer schönen Farbe auf dem ganzen Lid aufzutragen (das fällt bei mir natürlich flach, sieht an Freundinnen aber ganz toll aus), oder du ziehst direkt einen Lidstrich. Verstärke deine Augenbrauen, oder deck noch schnell etwaige Hautunregelmäßigkeiten mit Concealer ab.

VOM TAGES- ZUM ABENDLOOK IN WENIGER ALS ZEHN MINUTEN

Du musst kein komplett neues Make-up auflegen, wenn du direkt vom Büro zu einem Event oder nach der Uni auf eine Party gehst. So zauberst du im Handumdrehen einen spektakulären Abendlook in dein Gesicht:

1. Prüf dein Make-up. Falls es fleckig ist, erfrischst du die Haut mit einem Toner und wischst anschließend mit einem feuchten Schwämmchen darüber. Wenn die Grundierung nachgelegt werden muss, trag mit einem Schwämmchen Puder-Foundation auf (60 Sekunden).

2. Bronzer und Rouge kannst du ruhig etwas kräftiger nachlegen. Setz etwas Highlighter über die Wangenknochen (60 Sekunden).

3. Trag Lidschatten auf: Entweder benutzt du nur eine Farbe für das ganze Oberlid, oder du nimmst einen dunkleren Ton für die Lidfalte. Die Übergänge verwischst du mit den Fingern (60 Sekunden).

4. Frisch den Lidstrich auf, und mach ihn kräftiger und/oder länger. Betone den unteren Lidrand und die Wasserlinie (60 Sekunden).

5. Leg eine Schicht Mascara nach (60 Sekunden).

6. Optional: Kleb ein paar falsche Wimpern an (180 Sekunden).

7. Trag einen nude-, hellrosa- oder pfirsichfarbenen Lippenstift und Gloss auf (60 Sekunden).

DIE RICHTIGEN PINSEL

Wahrscheinlich weißt du schon, welches Make-up das beste für dich ist. Damit es aber gut gelingt, benötigst du auch das richtige Werkzeug. Gute Pinsel können ziemlich teuer sein, zahlen sich aber aus. Und wenn du pfleglich mit deinen Pinseln umgehst, halten sie auch über Jahre. Trotzdem: Nur weil ein Pinsel viel kostet, muss er nicht unbedingt gut sein. Teste ihn auf der Haut; er sollte sich angenehm weich anfühlen, niemals borstig und kratzig.

Pinsel gibt es in vielen Größen, Formen und Haarqualitäten. Als Faustregel gilt: Echthaarpinsel sind für pudrige Produkte und synthetische Kosmetikpinsel für Cremeprodukte geeignet. Amy Nadine ignoriert diese Regel allerdings ständig, also tu ich es auch. Natürlich kann man auch einen Echthaarpinsel für eine Creme-Foundation verwenden.

Wenn du der Typ bist, der für alles ein spezielles Werkzeug braucht, kannst du dir 33 Pinsel anschaffen. Wem das übertrieben scheint – es reichen auch zehn: Synthetikpinsel für Foundation, Contouring, Concealer und Cremerouge; Echthaarpinsel für Puder, Rouge, Augenbrauen, Lidschatten, Lidstrich und Bronzer. Minimalisten kommen mit ganzen fünf Pinseln aus: ein Synthetikpinsel für Grundierung und Cremerouge, ein angeschrägter Lidschattenpinsel, ein mittelgroßer runder Rougepinsel, eine schräge kurze Brauenbürste und ein großer runder Kabuki-Pinsel zum Verblenden und für den Bronzer.

Egal, wie viele Pinsel du benutzt, geh pfleglich mit ihnen um. Wasch sie wöchentlich mit mildem Shampoo und warmem Wasser aus – oder nach jedem Gebrauch, falls du zu stärkeren Hautunreinheiten neigst. Leg sie zum Trocknen auf ein altes Handtuch. Bei Echthaarpinseln solltest du darauf achten, dass der Pinselansatz nicht allzu nass wird, sonst lockern sich die Haare und fallen aus.

WIE KASCHIERT MAN ...

AUGENRINGE

Bei manchen sind sie einfach erblich veranlagt, bei anderen liegt es am mangelnden Schlaf. Was auch immer der Grund sein mag – hier sind einige Tipps, wie sich Augenringe gut kaschieren lassen.

Nachdem du Lidschatten, Lidstrich und Mascara aufgetragen hast, entfernst du sämtliche Make-up-Spuren vom Unterlid. Dieses wird erst geschminkt, wenn der Concealer aufgetragen ist.

Es empfiehlt sich ein Produkt auf Cremebasis, das nicht zu flüssig ist, ansonsten kann es passieren, dass sich der Concealer in die Fältchen absetzt. Er sollte ein klein wenig heller sein als die Foundation oder deine natürliche Hautfarbe, damit du hinterher nicht aussiehst wie ein Brillenbär!

1. Wärme etwas Concealer mit einem Schwämmchen oder einem flachen Concealer-Pinsel aus Synthetikhaar auf dem Handrücken an, bevor du das Produkt mittig unter deine Augen setzt.

2. Mit kurzen Pinselstrichen verteilst du den Concealer zuerst nach innen, anschließend zurück zur Mitte und dann weiter nach außen. Wenn du „gegen den Strich" arbeitest, erzielst du eine bessere Abdeckung.

3. Trag dann zum Fixieren sofort losen oder Kompaktpuder mit einem Schwämmchen auf. Überschüssigen Puder entfernst du mit einem sauberen Echthaarpinsel.

HAUTUNEBENHEITEN

Drück bitte nicht an Akne oder anderen Hautirritationen herum, und geh vorsichtig mit Produkten um, die zu sehr austrocknen. Heftiges Herumknibbeln im eigenen Gesicht macht das Kaschieren nur schwieriger, und es kann Tage dauern, bis die „Eingriffe" wieder verheilt sind (ganz zu schweigen davon, dass Narben entstehen können).

Klar, dass du einen eitrigen Pickel möglichst schnell loswerden willst. Trotzdem gilt: Finger weg! Das Ausdrücken sorgt lediglich dafür, dass der ganze Abheilungsprozess ein paar Tage länger dauert. Nimm stattdessen eine heiße Dusche, um die Poren zu öffnen, und leg dann einen heißen, nassen Waschlappen auf den Pickel (mindestens eine Minute lang). Die Eiterkappe sollte sich dann vorsichtig „abrubbeln" lassen, ohne dass du eine weitere Entzündung riskierst. Erfrisch die Haut mit einem Geschichtswasser, und lass sie trocknen. Vielleicht reicht ja schon eine Grundierung aus, um die Unreinheiten abzudecken. Wenn der Pickel immer noch sichtbar ist, tupfst du mit einem Concealer-Pinsel (ein dünner, spitzer Pinsel ist hier besser geeignet als ein breiter, flacher für Augenringe) in schnellen, kreisenden Bewegungen ein bisschen Concealer auf die Stelle. Er sollte exakt denselben Farbton haben wie die Foundation. Verblende die Ränder mit den Fingern, und gib Puder darüber.

Bei rötlichen Hautirritationen verwendest du einen Concealer mit höherem Grünanteil.

LOOKS FÜR BESONDERE ANLÄSSE

Wenn du erst mal mit dem klassischen Tages- und Abend-Make-up gut zurechtkommst, kannst du es nach Belieben variieren. Zu einem schwarzen Minikleid passen beispielsweise leuchtend rote Lippen besonders gut, während ein romantischeres Abendkleid ein weicheres, strahlenderes Make-up verlangt.

KNALLIGE LIPPEN

Wenn dir der Sinn nach einem 40er-Jahre-Hollywood-Glam-Look steht, dann lass den Kajalstrich am unteren Lidrand weg, und verwende Rouge in einem Nudeton. Besonders wichtig ist ein Lippenstift in einer kräftigen Farbe: Rot, leuchtendes Pink oder Fuchsia kommt besonders gut, und es gibt Frauen, die im dunkelroten Vamplook umwerfend aussehen! (Mehr Tipps für tolle rote Lippen gibt's auf Seite 144.)

Damit die Farbe den ganzen Abend hält, trägst du den Lippenstift auf und tupfst ihn dann mit einem Kosmetiktuch ab. Nimm etwas losen Puder mit einem Lidschattenpinsel auf, und tupf ihn auf deine ganzen Lippen. Jetzt tupfst du eine zweite Schicht Lippenstift auf. Damit die Farbe nicht auslaufen kann, trägst du mit einem Wattestäbchen etwas Puder auf – vorsichtig um die äußere Lippenkontur herum.

METALLIC-LOOK

Um deine Augen richtig zum Strahlen zu bringen, verzichtest du auf den schwarzen Lidstrich am Unterlid und verwendest dort stattdessen Metallic-Lidschatten: Antikgold ist wunderbar, aber auch dunkle Grautöne, Dunkelblau und Violett funktionieren gut.

Um den Look abzurunden, verteilst du etwas Perlmuttlidschatten in einem Nude- oder Goldton um den inneren Augenwinkel. Das betont den Augenabstand und öffnet den Blick.

SMOKEY EYES

Das A und O für Smokey Eyes ist das Verblenden der Farbtöne.

HELLER AUF DEM LID, DUNKLER IN DER LIDFALTE: So lautet die klassische Formel für Smokey Eyes. Die waren anfangs zwar nur in Grautönen zu sehen, sind jedoch einfacher tragbar in wärmeren Farben wie Kupfer-, Gold-, Beige- oder Brauntönen.

1. Grundiere das Oberlid mit einem flachen Lidschattenpinsel in hellem Beige. Mit einem abgerundeten Pinsel trägst du einen Kupferton auf die Lidfalte auf.

2. Verblende die Farben, indem du mit einem großen, sauberen Blenderpinsel scheibenwischerartig einige Male über die Lidfalte streichst.

3. Direkt über der Lidfalte trägst du einen Goldton auf.

4. Verblende die Farben wieder mit einem sauberen Pinsel.

5. Unter dem Brauenbogen und im inneren Augenwinkel platzierst du einen Nudeton.

6. Für einen dramatischeren Effekt kommt auf den unteren Wimpernkranz noch ein Goldton, bevor die Wasserlinie mit Kajal oder Lidschatten betont wird.

7. Tusche die Wimpern.

DUNKLER AUF DEM LID, HELLER IN DER LIDFALTE: Umgekehrte Smokey Eyes haben einen ebenso dramatischen Effekt.

1. Trag schwarzen Lidschatten entlang dem oberen Wimpernkranz auf. Dafür benutzt du einen flachen Lidschattenpinsel.

2. Mit einem Blenderpinsel streichst du eine weitere Schicht schwarzen Lidschatten vom Wimpernkranz in Richtung Lidfalte. Arbeite dabei mit kurzen, horizontalen Pinselstrichen.

3. Geh noch mal am oberen Wimpernkranz entlang – hier kommt nämlich noch mehr schwarzer Lidschatten hin. Dann trägst du mit einem kleinen angeschrägten Pinsel eine Schicht auf den unteren Wimpernkranz auf.

4. Unter dem Brauenbogen und im inneren Augenwinkel platzierst du einen schimmernden Nudeton.

5. Für den besonderen „sunset effect" trägst du noch einen Gold- oder Siennaton auf die Lidfalte auf.

ROTE LIPPEN SOLL MAN KÜSSEN

Rote Lippen sind ein echtes Statement, deshalb solltest du den Rest unbedingt dezent halten. Wenn du roten Lippenstift verwendest, um von Tag auf Abend umzuschalten, musst du möglicherweise sogar etwas von deinem (Augen-)Make-up *entfernen*.

Es ist nicht ganz einfach, die richtige Farbe zu finden, probier so viele Nuancen wie möglich aus. Für die einen ist ein blaustichiger Rotton geeignet, für andere muss es eher ins Orange gehen. Achte darauf, dass du nicht über deine natürlichen Lippenkonturen hinausmalst. Tupf den Lippenstift mit einem Kosmetiktuch ab, gib Puder auf die Lippen, und leg dann eine zweite Schicht Lippenstift auf. So hält er besonders lang.

Wenn du nicht aufgetakelt aussehen willst, gilt immer: kräftig geschminkte Lippen = dezentes Augen-Make-up; dramatisches Augen-Make-up = dezent geschminke Lippen!

KAPITEL ACHT

Haare

Wie in der Mode gibt es auch bei Haaren wechselnde Trends: Eine Saison tragen alle Models auf dem Laufsteg Pixiecuts, in der nächsten sind lange, gewellte Haare angesagt. Ich selbst habe reichlich mit meinen Haaren herumexperimentiert: In der Highschool trug ich sie kastanienfarben, rot und braun gefärbt; gebleicht habe ich sie auch schon mal, und vor ein paar Jahren habe ich es mit einem Bob probiert – was weniger hip als eher nach Fußballmama aussah. Nach diesen paar kleineren Irrtümern habe ich beschlossen, dem treu zu bleiben, was mir am besten steht: langen, blonden Haaren, leicht gewellt. Dafür habe ich ein einfaches Argument: Haare wachsen zwar nach, aber soooo langsam!

Klar gab es Zeiten, da wollte ich unbedingt einen anderen Look. Aber schlaue Friseure haben mich überzeugt, dass das, was ich wollte – egal ob perfekte Ringellöckchen oder eine glatte schwarze Mähne –, mit meinen Haaren einfach nicht machbar ist. Es ist eigentlich genau wie bei der Figur: Du solltest lieber das Beste aus dem rausholen, was die Natur dir mitgegeben hat, anstatt zu versuchen, dich darüber hinwegzusetzen.

Wenn du unbedingt etwas verändern willst, probier erst mal ein wenig herum, bevor du einen Schritt wagst, der sich nicht ohne Weiteres zurücknehmen lässt. Du würdest ja auch kein Auto ohne Testfahrt kaufen. Wenn du eine neue Haarfarbe möchtest, geh erst in einen Perückenladen (und zwar in einen ordentlichen!), und probier ein paar Farben durch. Das hat mich selbst vor einigen Beinahe-Katastrophen bewahrt. Du kannst es auch erst mal mit auswaschbaren Farben probieren, um verschiedene Farbnuancen zu testen. (Dunkleres Haar lässt sich damit allerdings kaum aufhellen.) Wenn du von längerem Haar träumst, besorg dir ein paar Extensions zum Selbst-Anklipsen, bevor du es auf dich nimmst, deine Haare wachsen zu lassen. Und falls du mit einer Kurzhaarfrisur liebäugelst, steck dein Haar erst mal zu einem Pseudo-Bob hoch.

Christine Symonds habe ich kennengelernt, als sie im Warren-Tricomi Salon in Los Angeles arbeitete. Zwar hatte ich mich beim Stylen meiner Haare schon immer ganz geschickt angestellt, aber als Christine Hand an meine Haare legte, war das eine echte Offenbarung. Sie hörte genau zu, was ich wollte – was nicht immer zu den herausragenden Eigenschaften von Friseuren gehört. Als ich unbedingt geflochtene und eingedrehte Zöpfe haben wollte, fand sie unzählige Möglichkeiten, wie ich sie in meinen Hairstyle einbauen kann. Seitdem sind meine – ansonsten recht unauffälligen – Haare mein bestes Outfit-Accessoire überhaupt. Sie zeigte mir auch, wie ich schonend Locken in mein Haar bekomme. Ein Problem bei längeren Haaren sind trockene Spitzen; diese werden ja reichlich strapaziert durch Hitze von diversen Stylinggeräten und andere schädigende Einflüsse. Für mich war es extrem wichtig, zu lernen, wie ich mein Haar richtig pflege, denn das andauernde Behandeln und Stylen fordern ihren Tribut.

Christine ist so was wie mein Haar-Guru, und ich möchte ihr Wissen gerne an dich weitergeben. Außerdem verrate ich dir ein paar Haarfärbe-Tricks für zu Hause von einer anderen Haarstylistin, Kristin Ess. Sie weiß genau, wie man diese perfekt natürlich wirkende Haarfarbe hinbekommt.

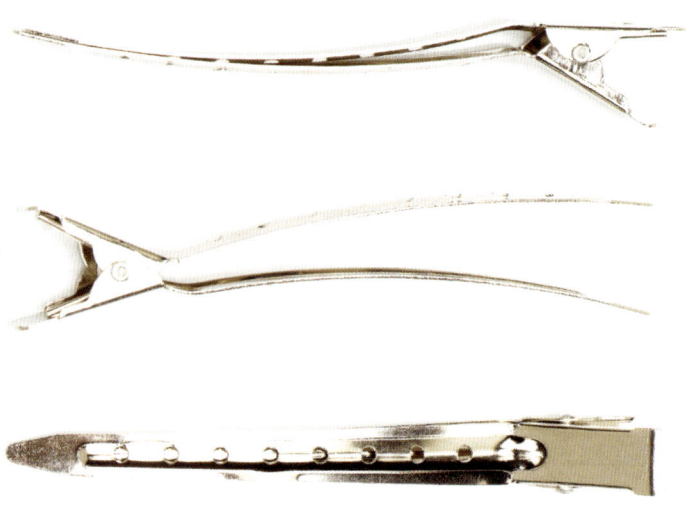

WIE DEIN HAAR FÜR DICH ARBEITET

„Egal, wie viel Sorgfalt du aufs Styling verwendest – das Wichtigste ist, dass deine Haare gesund sind. Geschädigtes Haar wird nie so schön aussehen wie die prächtige Lockenmähne in der Shampoowerbung." – Christine Symonds

Dass die Haare nach einem Friseurbesuch immer diesen gewissen Wow-Effekt haben, liegt natürlich an der langen Erfahrung und Praxis deines Friseurs, aber auch daran, dass zwei Hände – und Augen – ungehindert auf deinem Kopf werkeln konnten. Es ist ja tatsächlich nicht so einfach, sich selbst die Haare zu stylen. Trotzdem kann es ganz gut gelingen.

Das Wichtigste überhaupt: Deine Haare müssen gesund bleiben. Denn wenn sie erst mal trocken und splissig sind, wird's schwierig, sie in Form zu bringen. Investiere in einen guten Schnitt und in hochwertige Pflegeprodukte für deinen speziellen Haartyp. Einmal im Monat solltest du deinen Haaren eine Intensivpflege gönnen. Das bringt jede Menge Extraglanz! (Das Angebot an speziellen Haarkuren für zu Hause ist riesengroß.)

Bevor du dir von deinem Friseur einen neuen Schnitt verpassen lässt, versuch, realistisch einzuschätzen, wie hoch der tägliche Aufwand dafür ist. Wenn du morgens nur zehn Minuten nach dem Duschen das Haus verlassen willst, solltest du von bestimmten Frisuren lieber die Finger lassen.

LOCKIGES HAAR

Lockiges Haar ist empfindlich und neigt zu Trockenheit. Versorg es also reichlich mit Feuchtigkeit. Ist es zu spröde, ist die Gefahr groß, dass es abbricht. Investiere in einen leichten, Feuchtigkeit spendenden Conditioner.

- Bitte deinen Friseur, lange Stufen in die Locken zu schneiden – das sorgt für etwas mehr Volumen. Dabei sollte er allerdings nicht übertreiben, es soll schließlich hinterher nicht aussehen wie eine dreieckige Haube.

- Lass dein Haar, wann immer möglich, lufttrocknen – dafür musst du allerdings morgens reichlich Zeit einplanen. Hände weg, während die Haare trocknen, ansonsten könnte es zu Frizz kommen. Erst wenn 90 Prozent der Feuchtigkeit verdunstet sind, kannst du dein Haar nach Belieben stylen.

DIE PERFEKTE WELLE (UND WIE SIE LANGE BLEIBT)

Ziel ist es, den Haaren eine natürlich wirkende Fülle zu verleihen. Deshalb müssen die Wellen auch gar nicht perfekt symmetrisch sein.

- Gib ein Sylingmousse für Extravolumen oder Lockendefinition ins frisch gewaschene Haar.

- Mit dem Kopf nach unten knetest du den Schaumfestiger kräftig ins handtuchtrockene Haar – das bringt zusätzlichen Stand am Ansatz.

- Sobald das Haar ganz trocken ist, wickelst du es in Partien auf einen Lockenstab (dieser sollte etwa zwei bis drei Zentimeter Durchmesser haben; alles, was kleiner ist, macht Ringellocken) – und zwar immer weg vom Gesicht. Das muss nicht perfekt sein – du kannst die Partien abteilen, wie es grade kommt. Wichtig ist nur, dass du alle Haare erwischst.

- Kämm mit den Fingern durch die Wellen, um diese ein wenig aufzulockern, und fixiere sie zum Schluss mit einem Haarspray für leichten Halt.

- Vor dem Schlafengehen machst du zu zwei lockere, tief sitzende Dutts. Dreh die Haarpartien nach innen auf, damit die Wellenrichtung erhalten bleibt.

PERFEKT GEFÖHNT

Es kann dauern, bis du das Föhnen mit der Bürste gut hinbekommst. Da hilft nur eines, nämlich Übung! Schaff dir ein gutes Glätteisen an, damit kannst du dein Haar nach einem misslungenen Versuch wieder bändigen.

- Teil die Haare in drei Partien ab: eine am Oberkopf und zwei Seitenpartien. Fixiere alles, das grade nicht bearbeitet wird, mit langen Klemmen, damit es aus dem Weg ist. Falls du einen Wirbel hast, geh diesen als Erstes an, damit du ihn unter Kontrolle bekommst, bevor das Haar trocken ist. Ansonsten beginnst du mit einer der beiden Partien am Unterkopf.

- Halte den Fön in Wuchsrichtung, sonst entsteht Frizz. Die meisten Geräte haben einen schmalen Düsenaufsatz, der die warme Luft bündelt. Dieser ist besonders wichtig, wenn dein Haar recht widerspenstig ist.

- Wenn du am Oberkopf angelangt bist, föhnst du die Haare über eine mittelgroße Rundbürste weg vom Gesicht. Das gibt Extrafülle und Stand am Ansatz – und diese perfekten, das Gesicht umschmeichelnden Wellen.

- Wenn du sehr feines Haar hast, nimm vier große Haftwickler, und roll die Haare auf – unbedingt vom Gesicht weg. Platziere sie hintereinander aufgereiht am Oberkopf.

- Wenn du einen Pony hast, föhnst du diesen ganz am Schluss mit einer Flachbürste. Hier brauchst du kein zusätzliches Volumen!

LOOKS FÜR BESONDERE ANLÄSSE

Es klingt vielleicht merkwürdig, aber gerade vor einem großen Event solltest du nicht allzu viel Zeit in dein Haar investieren – weniger ist immer mehr. Der Look sollte natürlich, weich und *schön anzufassen* sein – sei also sparsam mit Haarspray! Du solltest dich einfach wie eine etwas schickere Ausgabe deiner selbst fühlen. Zu viel des Guten lässt dich schnell aussehen wie ein aufgetakelter B-Promi, eine schlecht frisierte Brautjungfer oder – noch schlimmer – als hättest du einen Helm auf dem Kopf.

ORDENTLICH UNDONE

Eleganter Undone-Look at its best!

- Zunächst befolgst du die Schritte auf den vorherigen Seiten: Mit ein paar Wellen und etwas Extravolumen hält der Look besser. Du brauchst keinen ganzen Kopf voller Locken. Beschränk dich auf die Partien ums Gesicht herum und auf den Oberkopf.

- Teil das Haar in drei Partien, indem du von Stirn bis Hinterkopf drei senkrechte Linien ziehst. Die mittlere Partie befestigst du mit einem durchsichtigen Haargummi am Hinterkopf in einem lockeren Dutt. Zieh ein paar Strähnen heraus, und steck sie mit Schiebeklemmen in weiten Bogen fest.

- Steck die Seitenpartien Strähne für Strähne locker am Dutt fest.

- Die vorderen, kürzeren Haarsträhnen dürfen lose ins Gesicht fallen.

- Fixiere das Ganze mit etwas Haarspray.

GLATTER ZOPF

Ein toller, superangesagter Abendlook.

- Gegen fliegende Haare gibst du ein Stylingprodukt (beispielsweise Polish), in das trockene glatte Haar.

- Leg fest, wo der Zopf sitzen soll. Klassisch in der Mitte ist immer gut, aber auch ein frecher Seitenzopf funktioniert durchaus.

- Fass das Haar am Hinterkopf mit einer Hand zusammen, und zwar in Höhe des Hinterhauptbeins (dort, wo der Kopf sich zur Nackenlinie zu verjüngen beginnt).

- Mit der freien Hand ziehst du alle Haare mit einer Borstenbürste glatt in den Pferdeschwanz hinein.

- Binde den Pferdeschwanz mit einem metallfreien Haargummi zusammen (je kleiner dieses ist, desto besser).

- Nimm eine dünne Haarsträhne und wickle sie um das Haargummi. Steck das Strähnenende mit einer zur Haarfarbe passenden Schiebeklemme fest.

Tipp: Für eine alltagstaugliche Version dieses Looks darf alles ein bisschen zerzauster aussehen. Anstatt mit der Bürste kannst du die Haare einfach mit den Fingern zurücknehmen. Das schafft eine gewisse Strandoptik.

GEFLOCHTENES HAAR

Ganz ehrlich: Mein erstes Seitenzöpfchen hab ich nur getragen, um einen missratenen Versuch, meinen Pony selbst zu schneiden, zu vertuschen. Aber irgendwann gefiel's mir richtig gut. Wenn du deine Haare langweilig findest, flechte eine Strähne oder dreh sie ein. Das kann eine einfache Frisur sofort interessanter machen.

- Falls du fliegendes Haar hast, arbeite etwas Stylingcreme oder ein anderes geeignetes Produkt hinein. (Sei vorsichtig mit Haarserum, das lässt die Haare schon mal fettig wirken.)

- Nimm eine zwei bis vier Zentimeter breite Strähne (je nachdem, wie dick das Zöpfchen werden soll), und flechte sie bis zur gewünschten Länge.

- Steck das Zöpfchen mit einer Schiebeklemme fest, die farblich zu deinen Haaren passt.

- Benutz etwas Haarspray (eines für leichten Halt reicht vollkommen aus).

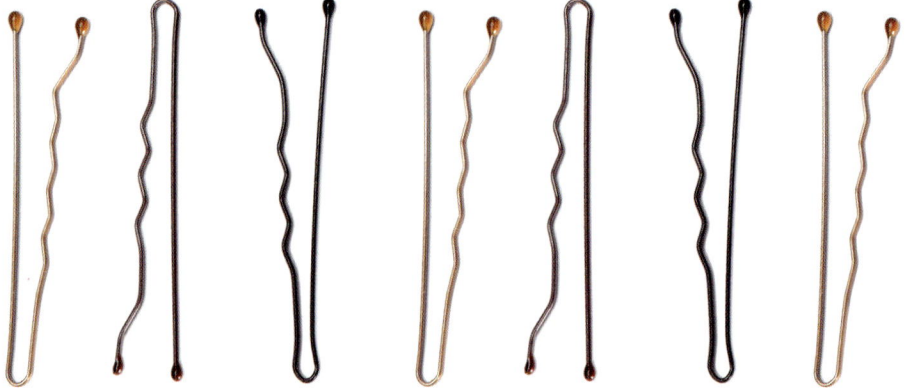

WAS HAARACCESSOIRES ALLES KÖNNEN

Mit Vintage-Haarspangen, Lederbändern oder auch einfachen Haarreifen lässt sich dein Look mit minimalem Aufwand verändern.

HAARREIF: Ein praktisches Accessoire, um dein Haar aus dem Gesicht zu halten – besonders empfehlenswert, wenn du es am nächsten Tag nicht gleich wieder waschen möchtest. Der Haarreif sollte immer relativ weit vorne am Kopf sitzen, etwa drei Zentimeter über dem Haaransatz.

LEDERBÄNDER: Wildlederstreifen oder hübsche Textilbänder sorgen für einen gewissen Bohemian-Touch (eine Vintage-Halskette geht auch). Binde das Band um deine Stirn. Es sollte möglichst dünn sein; je breiter es ist, desto auffälliger ist es.

HAARSPANGEN: Auffällige Vintage-Ohrringe oder Broschen vom Flohmarkt kannst du mit Sekundenkleber auf Haarspangen aus Metall kleben. An einem Dutt angeklipst, bringen sie sofort einen Glamour-Effekt. Für einen Retrolook kannst du dein Haar offen tragen und an einer Seite mit der verzierten Spange zurückstecken.

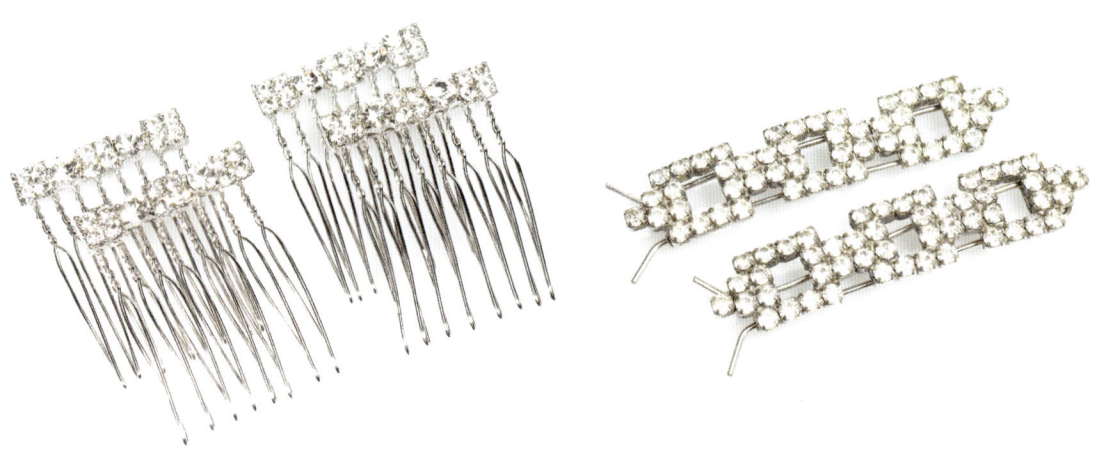

HAARPFLEGE ZWISCHEN DEN WÄSCHEN

Ideal ist es, die Haare jeden zweiten Tag zu waschen. Aber das hängt natürlich extrem von der Haarbeschaffenheit ab. Versuch jedenfalls, einen Rhythmus zu finden, denn die Kopfhaut produziert täglich eine entsprechende Menge Fett, wenn sich sich mal darauf eingestellt hat. (Wenn man die Haare lange genug nicht waschen würde, würden sie sich letztlich von selbst reinigen. Allerdings empfehle ich niemandem, das auszuprobieren. Es ist ein bisschen eklig!)

- Besorg dir ein hochwertiges Trockenshampoo. Sprüh es auf den Haaransatz, lass es einige Minuten einwirken, und bürste es dann sorgfältig aus. Diese Trockenshampoos riechen toll und und sind ziemlich effektiv, was das Verhindern des Nachfettens angeht.

- Rauf dir nicht zu oft die Haare! Je mehr du an deinen Haaren rumfingerst, desto mehr wird die Kopfhaut zur Fettproduktion angeregt. Außerdem gelangen auf diese Weise jede Menge Schmutz und Fett von deinen Fingern ins Haar.

- Verwende Conditioner nur für die Haarspitzen, die am meisten Pflege benötigen. Für den Ansatz ist Conditioner außerdem oft zu schwer, was das Stylen der Haare nicht unbedingt erleichtert.

DIE RICHTIGE FARBE

„Eine neue Haarfarbe sollte Spaß machen." – Kristin Ess

Beim Haarefärben gibt es viele Möglichkeiten – von ganz klassisch (ohne Highlights), über Lowlights (dabei werden dunklere Strähnen gefärbt) bis hin zu Tönungen, die im Wesentlichen nur für mehr Glanz sorgen. Das Wichtigste ist, den Friseur deines Vertrauens zu finden, der sein Handwerk versteht. (Wenn die Farbe erst mal danebengegangen ist, kann es schwierig und teuer werden, das zu korrigieren.) Eigentlich brauchst du so jemanden wie meine Kristin Ess. Wie gesagt, empfehle ich dir dringend, erst mal in ein Perückengeschäft zu gehen, um herauszufinden, welche Haarfarben dir gar nicht stehen. Danach kannst du schauen, welche Farbnuance am besten zu dir passt. Jede Art von Anschauungsmaterial wie Bilder aus Zeitschriften ist hilfreich: Nimm es mit, wenn du zum Friseur gehst, damit dieser eine möglichst genaue Vorstellung davon bekommt, was du dir wünschst. (Das ist wesentlich besser als irgendwelche schwammigen, höchst zweifelhaften Umschreibungen wie etwa: „Du weißt schon, so was Ähnliches wie ins Rotblonde gehendes Kastanienbraun, aber halt nicht allzu rot …")

HAARE ZU HAUSE FÄRBEN

Wenn dein Haar eine unkomplizierte Grundfarbe hat und du keine aufwendigen Low- oder Highlights möchtest, kannst du es erst mal zu Hause in der gewünschten Farbe tönen. Das ist auch keine schlechte Sache, wenn du die Abstände zwischen den Friseurbesuchen etwas ausdehnen willst: Tönungen frischen die Haarfarbe auf und verleihen den Haaren neuen Glanz, und das auch noch für kleines Geld. Halt Ausschau nach Produkten, die „Glanz" oder „Gloss" im Namen tragen und die innerhalb von vier Wochen wieder ausgewaschen sind. Das sind die sanftesten Mittel – und auch am einfachsten anzuwenden. Sie enthalten in der Regel keine Peroxide oder Ammoniak.

PFLEGE FÜR COLORIERTES HAAR

Mit jeder Haarwäsche wird immer auch ein bisschen Farbe ausgewaschen – was ganz praktisch ist, wenn du einen etwas zu dunklen Farbton erwischt hast. Wenn du aber ganz glücklich mit deiner Haarfarbe bist und sie möglichst lange erhalten möchtest, solltest du dein Haar möglichst nur jeden zweiten Tag waschen. Auch nicht verkehrt sind spezielle Pflegeprodukte für coloriertes Haar, wie z.B. Farbglanzshampoo, das entsprechende Farbpigmente enthält, die sich bis zur nächsten Wäsche um die Haare legen.

Tipp:
Aufgeladene Haare

Besonders im Winter ist es ein ärgerliches Problem, wenn einem die Haare ungewollt zu Berge stehen. Verantwortlich dafür ist trockene, warme Heizungsluft; Wollmützen tun ein Übriges. Es gibt aber ein paar Tricks, die gegen fliegende, statisch aufgeladene Haare helfen:

- Reib vorsichtig mit einem Trocknertuch über deine Haare. Es hört sich verrückt an, aber die Tücher riechen super und haben eine antistatische Wirkung, wodurch sich die Haare nicht so schnell aufladen.

- Sprüh ein spezielles Antistatik-Spray in deine Mützen, Hüte und auf alle Kleidungsstücke, die beim An- und Ausziehen knistern.

KAPITEL NEUN

Arbeit, Uni und Schule

Vielleicht hast du den Spruch ja schon mal gehört: Zieh dich für den Job an, den du haben möchtest, nicht für den, den du hast. Da ist viel Wahres dran. Ich würde auf einer Cocktailparty grundsätzlich lieber zu schick als zu leger aussehen. Und genauso bin ich der Meinung, dass man sich auch am Arbeitsplatz etwas ins Zeug legen sollte. Damit zeigt man nämlich eine gewisse Aufmerksamkeit fürs Detail. Wer acht auf sein Äußeres gibt und gepflegt auftritt, nimmt die eigene Arbeit vermutlich ebenso ernst.

Klar, Büroklamotten kaufen macht nicht so viel Laune wie Partyoutfits shoppen. Und wenn du dich für die Arbeit anziehst, dürfte der Spaßfaktor nicht annähernd so hoch sein, wie beim Stylen fürs abendliche Ausgehen. Aber es ist einfach so: Ein gepflegtes Erscheinungsbild ist immer auch Ausdruck von Respekt für die jeweilige Unternehmenskultur. Außerdem ist es sehr wohl möglich, sich seiner Funktion entsprechend zu kleiden, ohne seinen persönlichen Stil aufgeben zu müssen. Ob du „nur“ ein Praktikum machst oder schon seit einigen Jahren bei einer Firma arbeitest – ein gepflegtes Äußeres, gepaart mit professionellem Auftreten, ist deine beste Visitenkarte. Für meinen ersten Arbeitstag bei der *Teen Vogue* hatte ich kein gutes Händchen – und das, obwohl ich mich ziemlich angestrengt habe: Nachdem ich stundenlang durch die Geschäfte gezogen war, um das perfekte Outfit für meinen ersten Arbeitstag zu finden und auch noch ganz früh da war, wurde ich von den Kollegen direkt auseinandergenommen und mit neuen Accessoires ausgestattet, damit ich mehr nach *Teen Vogue* aussah.

Wenn du studierst oder noch zur Schule gehst, gelten dieselben Richtlinien, allerdings mit einem großen Unterschied: Es ist wichtig, sich angemessen anzuziehen – nichts zu Kurzes, zu Offenherziges oder Gammeliges –, aber das ist vermutlich die letzte Zeit in deinem Leben, in der du mehr oder weniger tragen kannst, was du willst. Sie bietet dir die Möglichkeit, jeden erdenklichen Look auszuprobieren und herauszufinden, welche Schnitte dir am besten stehen – gerade dann, wenn sich deine Figur verändert. Du kannst dich z.B. mit Tonnen von Accessoires behängen, Neonfarben tragen und mit deinen Haaren herum-experimentieren. So richtig es ist, sich im Job der Firmenkultur entsprechend zu kleiden, so sehr gilt das Gegenteil für Schule und Uni: Zieh dich so an, dass dein ganz persönlicher Stil rüberkommt. Es ist nämlich genau die Zeit, in der du die Freiheit hast, diesen zu definieren.

ARBEIT

FIT FÜRS VORSTELLUNGSGESPRÄCH

Bei der richtigen Kleidung fürs Vorstellungsgespräch gilt es, ein paar Sachen zu bedenken. Grundsätzlich solltest du aussehen, als ob deine Mutter dir etwas zum Anziehen rausgelegt hätte – vorausgesetzt, deine Mutter gehört zu denjenigen, die mit der Fusselbürste hinter einem herrennen, bevor man das Haus verlässt.

Du musst deinen Stil nicht aufgeben, schließlich wollen potenzielle Arbeitgeber etwas über deine Persönlichkeit erfahren. Du solltest entsprechende Hinweise allerdings nur über die Accessoires geben – und auch diese hältst du besser schlicht.

Wähle taillierte, gut sitzende und dem Anlass angemessene Kleidung – also nichts, das schlampig, zu eng oder zu kurz ist! Strümpfe und ein Jäckchen sind immer gut, damit wirkt man einfach angezogener.

Schau dir dein Outfit am Vorabend noch mal genau an: Kontrolliere es auf Flecken und aufgegangene Nähte, und bügle eventuell noch mal drüber. Es ist ziemlich unangenehm, im Vorzimmer zu sitzen und festzustellen, dass die Hose einen großen Soßenfleck hat.

OUTFITS FÜR DEN JOB

Je nachdem, in welcher Branche du arbeitest, ist deine Garderobe für den Arbeitsalltag vielleicht nicht das Aufregendste in deinem Kleiderschrank. Achte unbedingt darauf, dass die Basics – Blazer, Blusen, schwarze Hosen – perfekt sitzen. Denn wenn sie richtig gut geschnitten sind, trägst du sie auch eher mal außerhalb des Büros. Weil es keinen besonderen Spaß macht, Geld für Bürokleidung auszugeben, sieht man häufig Frauen in schlecht sitzenden, altbackenen Sachen. Das muss aber nicht sein; gib dich damit nicht zufrieden!

Trotz eingeschränkter Farbpalette und relativ konservativer Schnitte musst du deinen persönlichen Stil nicht zu Hause lassen, wenn du ins Büro gehst. Lass ihn subtil einfließen, etwa in Form eines schön gemusterten Seidenschals, eines schmalen schwarzen Gürtels mit schöner Schließe, eines Kaschmir-Cardigans in einer schönen Farbe oder einer geschmackvollen State-

Clever pendeln: Schuhe für den Arbeitsweg

Die Kombi aus Feinstrumpfhosen und Turnschuhe habe ich zwar noch nie getragen, aber ich bin unbedingt für bequemes Schuhwerk auf dem Weg zur Arbeit, egal ob man mit der U-Bahn, dem Auto oder zu Fuß unterwegs ist. Als ich die Kunstschule in San Francisco besuchte, legte ich pro Wegstrecke drei Kilometer zu Fuß zurück. San Francisco ist ja bekanntermaßen ziemlich hügelig, und da ich an die acht Kilo Material mit mir rumschleppen musste, war an Absätze nicht zu denken. Also legte ich mir einige Paar flache, leichte Ballerinas zu, die ich jederzeit in die Handtasche werfen konnte. Sie sind perfekt, weil sie im Aufzug – und in den ersten Minuten des Ankommens am (Arbeits-)Platz, bevor man sie gegen Pumps ausgetauscht hat – nicht deplatziert wirken. Ich bin irgendwann dazu übergegangen, die Schuhe bereits an der letzten Straßenecke vor der Schule zu wechseln. Wichtig: Stoffbeutel, die man beim Schuhkauf manchmal dazubekommt, unbedingt aufbewahren – sie sind für solche Gelegenheiten sehr praktisch. (Die Schuhe sollen ja nicht in deiner Tasche hin- und herpoltern.)

ment-Halskette. Dies sind allesamt einfache Elemente, um ein strenges Büro-Outfit etwas aufzufrischen.

VON DER ARBEIT ZUR PARTY

Ich kenne nicht wenige Frauen, die mehrere Paar Schuhe im Büro oder im Kofferraum ihres Wagens stehen haben – falls mal ein Schuh drückt, zum Wechseln für den Nachhauseweg oder für eine After-Work-Party. (Pumps in einer auffälligen Farbe können ein ganzes Outfit verändern.) Wenn ich einen Bürojob hätte, würde ich mir wohl auch eine kleine Abendclutch und ein bisschen Modeschmuck in die Schublade legen.

Wenn nach der Arbeit ein Event mit richtig schickem Dresscode ansteht, kannst du dies schon bei der Wahl des Outfits am Morgen berücksichtigen. Ein Kleid mit blickdichten Strümpfen und Mary Janes lässt sich leicht in eine abendtaugliche Garderobe umwandeln. Einfach Strümpfe und Jäckchen ausziehen; mit Peep Toes und einem hübschen Abendtäschchen kombiniert, ergibt das Ganze schon einen komplett anderen Look.

ABSOLUTE NO-GOS

Das alles solltest du im Büro grundsätzlich nicht zeigen: die obere und die untere Rückenpartie, zu viel Dekolleté und deine Zehen. Grob übersetzt bedeutet das so viel wie: Trag keine trägerlosen Oberteile und Kleider, keine Neckholder-Shirts, keine bauchfreien Oberteile, keine Hosen mit zu tiefem Bund und keine Flipflops!

UNI UND SCHULE

FASHION VICTIM VS. TRENDSETTER

Was mich zu Schulzeiten am allermeisten genervt hat, ist dieser überwältigende, wenn auch niemals offen ausgesprochene Druck, sich genauso anziehen zu müssen wie alle anderen. Dem nachzugeben ist nur allzu verständlich: Erstens ist es immer bequemer, mit dem Strom zu schwimmen (das ist schließlich auch eine Form der Tarnung, oder?), und zweitens möchte niemand wegen eines „sonderbaren" Outfits von gemeinen Mitschülerinnen gehänselt werden. Du kennst das vermutlich aus eigener Erfahrung. Ich für meinen Teil kann nur sagen, dass es trotz allem die schlechtere Option ist, dem allgemeinen Trend hinterherzuhecheln – echtes Fashion-Victim-Territorium! In der Highschool hatten meine Freundinnen und ich so etwas wie eine Uniform: Wir trugen die gleichen Schuhe, Jeans, Gürtel, Oberteile. Klar unterschieden sich unsere Jeans und Shirts schon mal in der Farbe, aber das war's dann auch schon. Wenn ich noch mal die Wahl hätte, wäre das mein Motto: Mutig und anders sein! Den eigenen Stil zu entwickeln ist nicht einfach und eine echte Herausforderung, und es gibt Tage, an denen man sich in seinen Klamotten absolut unwohlfühlt und am liebsten nach Hause rennen würde, um sich umzuziehen. Aber auch das gehört einfach zum Lernprozess dazu!

SCHULUNIFORMEN

Es gibt viele kreative Möglichkeiten, eine Schuluniform zu verändern. (Ich will mich, ähem, nicht wie deine Mutter anhören, aber man muss nicht immer gleich den Rock kürzen.) Wenn zur Uniform ein Blazer oder eine Jacke gehört, klappere mal die Geschäfte vor Ort nach coolen Buttons ab – und hefte sie ans Revers. Wenn die Ärmel weit genug sind, kremple sie hoch. Und check ab, ob es die Schulordnung erlaubt, Tücher und Haarschmuck zu tragen: Ein bunt gemusterter Schal oder ein Haarband, ob nun aus Seide oder Baumwolle, bringt sofort Farbe ins Spiel. Ich persönlich trage gerne Vintage-Haarspangen – egal, zu welchem Look. Wenn die Kleiderordnung streng ist, musst du vielleicht noch etwas einfallsreicher sein, aber denk immer daran: Du tust es im Namen der Mode!

GELD SPAREN: SUPERGÜNSTIGE ACCESSOIRES

Abgesehen von Läden wie Forever 21 und H&M, wo man schon für zehn Euro einen ganzen Berg Modeschmuck bekommt, gibt es noch andere Gelegenheiten, sich günstig mit modischen Colliers und Ketten einzudecken (Alltherageonline.com betreibt z. B. auch ein großes Ladengeschäft in New York City). Du kannst natürlich im Netz stöbern, aber es lohnt sich auch, nach Outlets oder Lagerverkäufen in deiner Umgebung Ausschau zu halten. Wenn du direkt beim Hersteller kaufst, kannst du bis zu 50 Prozent sparen. Auch nicht zu verachten sind Import-Export-Läden. Hier findest du mit ein bisschen Glück vielleicht einen Satz indische Armreifen für unter zehn Euro, Chandelier-Ohrringe für 15 Euro oder afrikanische Perlenketten für schlappe vier Euro.

KAPITEL ZEHN

Auf Reisen

*I*ch pflege eine echte Hassliebe zu meinem Koffer. Wenn ich hübsche Sachen für spaßverdächtige Reisen einpacken darf (beziehungsweise meinen Koffer damit vollstopfe), ist alles in schönster Ordnung: Das Chiffonkleidchen für einen Ausflug in die kalifornischen Weinberge oder für die Städtereise nach Italien, ein durchscheinendes bedrucktes Hängerchen zum passenden Bikini für Cabo San Lucas oder einen taillierten Mantel und braune Lederstiefel für ein fantastisches Dinner in einem schicken New Yorker Restaurant. Und dann gibt es Momente, in denen ich meinen Koffer verabscheue: auf Last-Minute-Arbeitstrips mit langen Flügen und zu wenig Schlaf, wenn ich bei der Sicherheitskontrolle am Flughafen in meinen Lieblings-Beautyprodukten herumwühlen muss, weil ich mal wieder die vorgeschriebene Menge an Flüssigkeiten überschritten habe. (Das ist der Kollateralschaden, wenn man partout nur mit Handgepäck reisen will.)

Sich stylish anziehen, wenn man unterwegs ist, bedeutet, aus einem kleinen Bestand an Kleidungsstücken möglichst viele Outfits zusammenzustellen. Da hilft der ein oder andere Accessoire- und Stylingtrick. Ziel ist es, mithilfe einiger Key Pieces den Eindruck zu erwecken, als hätte man den ganzen Kleiderschrank eingepackt – umso besser, wenn diese Sachen auch noch wenig Platz im Koffer beanspruchen. Du kannst ein und dieselbe Bluse tagsüber mit Jeans und Stiefeln tragen und sie abends mit Bleistiftrock und Pumps für ein schönes Abendessen kombinieren. Und es macht richtig Spaß, sich das alles auszudenken. Allerdings solltest du ausprobieren, ob sich die Teile auch tatsächlich gut kombinieren lassen – und zwar bevor du in den Flieger steigst. Und: Reisen sind nicht unbedingt der ideale Zeitpunkt, um das brandneue Kleid zu testen.

GUT GEPACKT

Wenn du deinen Koffer für eine Reise packst, gilt es, einiges zu berücksichtigen: wohin du fährst und für wie lange, was der Zweck der Reise ist und wie du unterwegs bist. Aber egal warum und egal wohin – Bedingung Nummer eins für stilvolles Reisen ist kluges Packen.

Es gibt zwei Extreme: diejenigen, die für einen Wochenendtrip ihren gesamten Kleiderschrank einpacken, und die anderen, die ihre Outfits für 14 Tage Paris aus dem kleinen Handgepäck zaubern. Letzteres ist natürlich das erstrebenswertere Szenario. Nicht nur, dass man sich das Warten bei der Gepäckausgabe spart; es ist eigentlich auch viel einfacher, sich gut anzuziehen, wenn man sich vorher ein paar Gedanken gemacht und entsprechende Essentials eingepackt hat. Außerdem muss man bei der Ankunft nicht erst stundenlang den Koffer auspacken. Und man kann die Reise genießen, ohne andauernd in seinen Sachen herumwühlen zu müssen und sich den Kopf darüber zu zerbrechen, was man anziehen soll.

Ich bin kein totaler Minimalist. Ich schleppe immer mehr mit, als ich brauche (nur zur Sicherheit!). Aber nachdem ich seit Jahren viel auf Reisen bin, habe das vernünftige Packen mittlerweile raus. Ich habe auf die harte Tour gelernt, wie wichtig es ist, eine Liste zu schreiben – anstatt ohne Sinn und Verstand Dinge in den Koffer zu werfen. Ein denkwürdiges Beispiel ist der Strandurlaub mit meiner Familie, als ich elf Jahre alt war. Unentschlossen, wie ich nun mal war (bin), habe ich das Packen bis zur letzten Minute aufgeschoben, um schließlich in vollkommener Panik wahllos Sachen in meinen Koffer zu stopfen. Das Ergebnis: eine Gebühr für Übergepäck (wer hätte gedacht, dass Sommerkleider so schwer sind … wo ich doch nur 15 davon eingepackt hatte) – und *kein einziger* Bikini! Unser Urlaubsort war ziemlich abgelegen, und im nächsten Laden gab es nur damenhafte Einteiler mit Leo-Print zu kaufen. Also rannte ich die ganzen Ferien über in Shorts und T-Shirt am Strand herum.

Ich würde ja gerne von mir behaupten, ich hätte mich in dieser Hinsicht geändert – aber vor nicht allzu langer Zeit kam ich in Miami an und bemerkte, dass ich nicht ein einziges Paar Schuhe eingepackt hatte. (Manche Dinge ändern sich eben nie.) Aber auch wenn es nicht vollkommen perfekt läuft, habe ich meine Strategie doch weitgehend optimiert. Ein paar Tage vor Abflug mache ich mir eine Liste mit den bevorstehenden Aktivitäten und

Events (meinen Fahrplan sozusagen) und notiere mir jeweils, welche Key Pieces dafür nötig sind. Vor einem längeren Parisaufenthalt habe ich sogar für jeden Tag ein Outfit zusammengestellt und abfotografiert. Wenn du die Zeit dafür hast, ist das eine tolle Sache; so kannst du dir den Stress vor Ort fast gänzlich ersparen.

Wenn ich meine Optionen eingegrenzt habe, überprüfe ich sämtliche Teile auf Sauberkeit (das Kleid für das Red-Carpet-Event etwa oder meine Lieblings-Skinnys für den Flug) und checke, ob alles auffindbar ist (auf der Suche nach einem Paar Schuhe hab ich mal am Vorabend einer Flugreise mein Apartment auf den Kopf gestellt, dabei waren sie beim Schuster). Wenn einmal alles sortiert ist, dauert das Kofferpacken selbst nur noch eine Viertelstunde.

DEIN KOFFER, DAS RAUMWUNDER

Es gibt verschiedene Techniken, um möglichst viel Zeug in deinen Koffer hineinzubekommen. Das Aufrollen der Klamotten funktioniert für mich am besten, nicht nur weil es Platz spart, sondern auch weil die Sachen dabei relativ knitterfrei bleiben. Schuhe sollten immer getrennt (sonst nehmen sie zu viel Platz weg) und kleine Gegenstände wie Strümpfe

und Unterwäsche immer zum Schluss in den Koffer gepackt werden (damit lassen sich Löcher im Koffer stopfen; du kannst sogar einen Teil deiner Socken in Schuhe stecken). Damit sich meine Halsketten nicht ineinander verfangen, rolle ich sie einzeln in Waschlappen auf. Du kannst sie auch in Ziploc-Beuteln verstauen (die Ketten immer schließen, damit sie sich nicht verheddern).

CHECKLISTE FÜR FLUGREISEN

Nach einer unglückseligen Reise, bei der ich in kniehohem Schnee gelandet bin und nur Caprihosen und Flipflops im Gepäck hatte (es musste mich tatsächlich jemand über die Schulter werfen und zum Auto tragen), weiß ich Wetterberichte zu schätzen. Es mag ja banal klingen, aber du solltest dir am Vorabend der Reise eine Minute Zeit nehmen, um die Wettervorhersagen für deinen Zielort anzusehen, damit du keine derartigen Überraschungen erlebst. Hier sind noch ein paar weitere Punkte, die du vor dem Abflug checken solltest:

- Vergewisser dich, dass du alles Wichtige, wie EC- und Kreditkarten sowie deinen Reisepass und/oder Personalausweis, eingepackt hast. Ohne Ausweispapiere kommst du nicht an Bord eines Flugzeugs.

- Trink ein paar Stunden vor einer Flugreise reichlich Wasser. Das beugt der Dehydrierung vor und hilft auch sehr gut gegen Jetlag.

- Lad MP3-Player, Handy und Laptop auf. Besorg dir Lesestoff und einen kleinen Snack (es sei denn, du bist bereit, im Flugzeug sechs Euro für ein belegtes Brötchen zu bezahlen).

- Trag Schuhe, die du bei der Sicherheitskontrolle schnell aus- und wieder anziehen kannst. Wenn du mit Flipflops unterwegs bist, musst du damit rechnen, barfuß durch den Metalldetektor zu gehen.

- Ladegeräte, Kabel, Kopfhörer und alle Dinge, die unterwegs zu ersetzen schwierig, nervig oder teuer wäre, solltest du grundsätzlich im Handgepäck mit an Bord nehmen.

ANGENEHMEN FLUG!

Ich habe schon viele Horrorgeschichten über die Wolldecken in Flugzeugen gehört, und weil ich eigentlich immer eine brauche (an Bord ist es nämlich kalt!), versuche ich, meine eigene mitzunehmen. (Nein, ich gehöre nicht zu den Verrückten, die mit Riesenkissen und Daunendecke unter dem Arm herumrennen; wie man richtiges Bettzeug einpacken kann, werde ich nie verstehen.) Die beste Wahl ist eine Kaschmirdecke, die groß genug ist, um sich während des Flugs darin einzukuscheln, und klein genug, um abends auch als Schal zu dienen. (Ein einigermaßen ansehnliches Exemplar kostet noch nicht mal die Welt.) Ich habe auch immer etwas zur Lippenpflege und meine reichhaltige Gesichtscreme in der Tasche (mit der ich mich eincreme, sobald der Flieger abhebt, um meine Haut vor der trockenen Luft zu schützen. Bei einem Nachtflug sind außerdem warme Socken ein Muss.

WAS IN DEN KOFFER MUSS FÜR ...

Ich habe einige beispielhafte Packlisten zusammengestellt. Jeder tickt anders, du musst dich keineswegs sklavisch daran halten. Aber für mich haben sie sich als praktisch erwiesen.

STRANDURLAUB (EINE WOCHE)

Pack mit Bedacht, du wirst vielleicht an einem abgelegenen Ort landen. Zum Glück brauchen Sommersachen viel weniger Platz als warme Winterklamotten. Deshalb kann man sich auch ein paar nette Extras erlauben.

- Sonnencreme
- Lippenpflege
- Schirmmütze oder breitkrempiger Hut (für zusätzlichen Sonnenschutz)
- Sonnenbrille
- 3 Bikinis/Badeanzüge (du verbringst den ganzen Tag darin, und sie beanspruchen kaum Platz im Gepäck)
- 1 Paar Flipflops (aus Gummi und abwaschbar)
- 1 Paar Sandalen für den Tag (Leder oder Stoff)
- 1 Paar schicke Sandalen für abends (ich mag die mit Schmucksteinen verzierten von Mystique besonders gerne)
- 1 Paar Laufschuhe (fürs Lauftraining und für die Reise, besonders wenn diese im Winter stattfindet; du kannst im Flugzeug keine Sandalen tragen)
- 2 Pareos (tolle Überzieher beim Lunch; abends dienen sie als Schal)
- 5 weiße, schwarze oder graue Tanktops (keine Erklärung notwendig)
- 1 Kaschmir-Cardigan (in einer neutralen Farbe wie Creme, Taupe oder Dunkelblau)
- 2 Röcke (idealerweise aus einem Crinkle-Stoff, wie z. B. Crush-Seide)

- 1 weiße Oversize-Bluse (schöne Bedeckung, wenn du zu viel Sonne abbekommen hast – und süß, wenn du sie in der Taille verknotest oder sie, in den Rockbund gesteckt, zu einem weiten Rock mit Gürtel trägst)
- 1 Tunika (für den Strand oder abends zur Jeans)
- 1 Kleid für tagsüber (das du auch einfach über dem Bikini tragen kannst)
- 1 Kleid für abends (am besten in Schwarz oder einer anderen neutralen Farbe, sodass es sich an mehreren Abenden mit unterschiedlichen Accessoires kombinieren lässt)
- Schmuck (bunt und fröhlich)
- 1–2 Gürtel (für die Tunika, die Kleider und den Rock)
- 1 Shopper aus Stoff (kann auch als Strandtasche verwendet werden)
- 1 Clutch für abends (wenn du wirklich Platz sparen willst, kannst du sie auch gleich als Portemonnaie verwenden)
- 1 Paar Jeans (für den Flug und kühle Abende)
- 1 Blazer (wenn du im Winter in die Sonne fliegst, kann er auch als leichte Jacke auf dem Weg zum und vom Flughafen dienen – und als Extraschicht an den Abenden)
- Unterwäsche (und eventuell ein Tanktop mit integriertem BH, falls du doch mal zu viel Sonne abbekommen hast – was du natürlich vermeiden solltest!)

GESCHÄFTSREISE (DREI TAGE)

Stell deine Garderobe auf Basis einer bestimmten Grundfarbe zusammen – und stress dich nicht zu sehr. Wenn was dazwischenkommt und/oder deine Reise länger dauert als geplant, kannst du vermutlich auch unterwegs noch etwas nachkaufen, vor allem wenn du in eine größere Stadt reist.

- 1 leichter Trenchcoat (in Khaki, Dunkelblau oder Schwarz; idealerweise wetterfest – aber zur Not gibt es vor Ort ja auch Regenschirme zu kaufen)

- 1 Blazer (in Schwarz oder Dunkelblau; er sollte auch als leichte Jacke dienen können)
- 1 (gut sitzende) schwarze Hose, die du zu flachen Schuhen tragen kannst
- 2 arbeitstaugliche Oberteile (weiß sieht immer gut aus)
- 1 Bleistiftrock (schwarz, grau oder dunkelblau)
- 1 Kaschmir-Cardigan (schwarz oder grau)
- 1 blickdichte Strumpfhose (schwarz)
- 1 Paar Pumps (schwarz)
- 1 Paar flache Schuhe (schwarz)
- 2 T-Shirts
- 1 Paar bequeme Schuhe (Sneakers oder etwas Vergleichbares)
- 1 Paar Jeans (für private Verabredungen mit Freunden)
- 2 Schals/Tücher (um dasselbe Outfit zweimal tragen zu können!)
- 1 große schwarze Tasche (groß genug fürs Handgepäck)
- Schmuck
- Unterwäsche

STÄDTEREISE (FÜNF TAGE)

Pack ausschließlich Schuhe ein, von denen du sicher weißt, dass sie auch bequem sind, denn du wirst vermutlich den ganzen Tag auf den Beinen sein. Die Gehwege größerer Städte sind übrigens nicht das ideale Terrain, um neue Schuhe einzulaufen – selbst wenn sie flach sind. Oberteile solltest du ungefähr doppelt so viele mitnehmen wie Unterteile: Blusen und T-Shirts benötigen weniger Platz im Koffer; ein und dieselbe Jeans kannst du jeden Tag tragen, ohne dass es irgendjemandem auffällt.

- 2 Paar Jeans (eine davon in einer einheitlichen, dunklen Waschung, die du am Abend anziehen kannst)

- 3 Abend-/Partytops (die du auch tagsüber tragen kannst)
- 1 schöne Bluse (für tagsüber)
- 3 T-Shirts
- 1 Cardigan (etwas länger geschnitten)
- 1 Blazer oder kurze Jacke (figurbetont, aber du solltest dich gut darin bewegen können)
- 1 Kleid (für den Restaurantbesuch oder zum Ausgehen am Abend)
- 2 Schals/Tücher (die wärmen und als schöne Farbtupfer dienen)
- 2 Paar flache Schuhe (farbenfroh und bequem)
- 1 Paar Heels (für abends)
- 1 Paar Sneakers (just in case)
- 1 leichte Tasche (die musst du stundenlang mit dir rumschleppen können – und so blöd es klingt, denk darüber nach, ob nicht ein Lederrucksack eine gute Alternative wäre)
- Schmuck
- Unterwäsche

Einkäufe verstauen

Ich bin beruflich viel in New York, und immer wieder muss ich mich mit demselben Problem rumschlagen: Ich reise mit einem vollen Koffer an, und dann … gehe ich shoppen. Einmal musste ich mir in New York tatsächlich einen neuen, größeren Koffer kaufen, damit ich alles mit nach Hause nehmen konnte. Wenn dein Ziel also eine Stadt mit Shopping-Potenzial ist, dann lass etwas Platz im Reisegepäck. Im Zweifelsfall kannst du dir aber auch irgendwo eine günstige, stylishe Nylontasche besorgen (so was gibt's z.B. bei American Apparel).

PARTYWOCHENENDE IM WARMEN

Je nachdem, wo du zu Hause bist, hast du ja vielleicht einen Lieblingsort für einen Kurztrip in die Sonne – mich zieht es dann meistens nach Las Vegas.

- 2 Partykleider (du kannst dasselbe Teil leider nicht zweimal tragen)
- 1 Paar Ausgehschuhe (die sollten unbedingt bequem sein, weil die Nächte bestimmt lang werden und du möglicherweise tanzen gehst!)
- 1 Bikini
- 1 Sommerkleid für tagsüber (in einer neutralen Farbe, wie Schwarz oder Weiß, damit du es mit unterschiedlichen Accessoires kombinieren kannst)
- 1 großer Hut (optional – er könnte lästig zu transportieren sein)
- 1 Sonnenbrille
- 1 Paar Flipflops
- 1 Baumwollschal
- 2 Halsketten
- 1 Paar flache Schuhe (für deine geschundenen Füße am Tag nach einer langen Nacht)
- 1 Paar Jeans
- 2 hübsche Tops
- 1 Pyjama (wenn du bis Mittag ausschlafen und dann direkt den Zimmerservice rufen willst, brauchst du dich darin nicht zu genieren!)
- Unterwäsche (Shapewear ist optional, aber eine gute Idee, wenn du ein figurbetontes Kleid mitnimmst)

KURZTRIP IM WINTER

- 1 Paar Stiefel (warm und wetterfest – und lieber nicht zu teuer, da sie Schnee und Salz trotzen müssen)
- 1 Paar Jeans
- 2 Langarm-Shirts
- 1 Thermounterhemd (das du unter den Oberteilen tragen kannst)
- 1 bequeme Homewear-Hose (in die schlüpfen kannst, wenn du von draußen aus der Kälte kommst)
- 2 Blusen
- 1 Kaschmirpullover (für zusätzliche Wärme)
- 1 Daunenweste
- 1 Wintermantel
- 1 Mütze
- 1 Schal
- 1 Paar Handschuhe
- Unterwäsche (warme Socken und lange Unterhosen nicht vergessen)

KAPITEL ELF

Events und Partys

*I*ch verbringe viel Zeit damit, mich für Events schick zu machen – ob nun für Filmpremieren, Fashionshows oder Geburtstagsfeiern von Freunden. Und ich muss sagen, dass es nie langweilig wird. Kleidertechnisch gibt es kaum etwas Spannenderes, als ein Outfit für einen speziellen Anlass zusammenzustellen.

Da du dieses Buch hier liest, wirst du wahrscheinlich geneigt sein, mir in dem Punkt recht zu geben: Die Vorbereitungen auf einen besonderen Abend sind bereits der halbe Spaß!

Wenn ich ein Outfit für ein wichtiges Event auswähle, behalte ich immer drei Fragen im Hinterkopf:

1. *Ist es bequem?* Es gibt nichts Schlimmeres, als einen ganzen Abend an dem schlecht sitzenden, halterlosen Kleid herumzuzupfen oder ständig einen zu kurzen Rock nach unten ziehen zu müssen.

2. *Macht es Spaß?* Das Leben bietet einfach nicht genügend Gelegenheiten, als dass sich ein langweiliges Outfit rechtfertigen ließe!

3. *Ist es vorteilhaft?* Du willst den Abend genießen – und dich nicht etwa vom steten Zweifel plagen lassen, ob deine Oberarme für das ärmellose Kleid auch wirklich definiert genug sind …

TADELLOSE
EVENT-OUTFITS

Besondere Anlässe sind die perfekten Gelegenheiten für Vintage-Abendkleider. Sie sind meist wesentlich günstiger als noble Roben von großen Designern – und die Wahrscheinlichkeit, dass eine andere das gleiche Kleid trägt, ist eher gering (mehr dazu, siehe Seite 47). Außerdem sehen heutzutage viele Abendkleider eher aus wie brave Brautjungfernkleider (Hilfe, ein echter Albtraum)!

Mittlerweile ergreife ich jede Gelegenheit beim Schopfe, um in ein langes Kleid zu schlüpfen (Preisverleihungen, Premieren, Charity-Veranstaltungen …). Das war nicht immer so. Wenn ich heute alte Fotos anschaue, bin ich fast enttäuscht ob all der langweiligen, konservativen Kleider, die ich getragen habe (die meisten waren einfach geschnitten und höchstens knielang). Ich hätte da VIEL mehr Spaß haben können. (Glaub mir, wenn du mal mit der Ausbildung fertig bist, dünnen sich die Gelegenheiten von alleine aus.)

Bei einer Hochzeit willst du natürlich nicht zu viel Aufmerksamkeit erregen. Aber mach dir bloß keinen allzu großen Stress, denn die Braut wird sowieso IMMER die Schönste sein. Der einzige Fauxpas wäre ein langes Kleid in Weiß. Puristen raten zwar auch von Schwarz ab, ich finde aber überhaupt nicht, dass es zu trist wirkt – vor allem, wenn du es mit knalligen Accessoires kombinierst. Im Zweifelsfall gehen auch immer dezente, neutrale Farben oder Pastelltöne.

Selbst wenn du – wie ich – keine große Tänzerin bist: Probier aus, wie sich dein Kleid verhält, wenn du dich bewegst. Etwas Schwingendes macht besonderen Spaß! Bequeme Schuhe sind ein absolutes Muss, denn so ein Abend kann lang werden. Wähle Pumps mit Steherqualitäten (sie sollten nicht zu empfindlich sein, ich denke z.B. an Grasflecken), oder freunde dich mit dem Gedanken an, dass du das Barfuß-Mädchen der Hochzeitsgesellschaft sein wirst.

COCKTAILPARTY: *Die* Gelegenheit für ein sexy Kleid, in dem deine Vorzüge richtig zur Geltung kommen. Versuch es mal mit etwas verspielt Buntem.

HOCHZEIT: Für Hochzeiten mag ich Vintage-Kleider, wie das cremefarbene Paillettenkleid (in der Mitte).

ABSCHLUSSBALL: Lass es krachen! Und hab Spaß dabei. Wenn ich noch mal die Gelegenheit hätte, würde ich entweder etwas Bodenlanges oder ein komplett abenteuerliches Outfit tragen.

DRESSCODES ENTSCHLÜSSELN

Ich habe über die Jahre viele Einladungen voller rätselhafter Dresscodes erhalten. Smart Casual? Was bedeutet das eigentlich? Unklare Vorgaben können frustrierend sein, man sollte seinen Gästen kein allzu großes Rätselraten zumuten! Ungeachtet dessen, ist die beste Faustregel: Im Zweifelsfall lieber overdressed!

Hier ein paar allgemeine Hinweise zu Dresscodes:

CASUAL: Anything goes. (Na ja, fast alles … du darfst dich trotzdem ein bisschen ins Zeug legen.)

SMART ODER BUSINESS CASUAL: Rock oder schicke Hose mit Bluse oder feinem Oberteil. (Manche finden, dass man bei einem Smart-Casual-Event auch Jeans tragen kann, solange die anderen Teile etwas schicker sind. Aber ich würde auf Nummer sicher gehen und sie ganz weglassen.)

COCKTAIL: Schlichtes, elegantes Kleid (klassischerweise endet es auf Höhe der Knie).

BLACK-TIE OPTIONAL: Richtet sich eigentlich eher an die Jungs – Anzug oder Smoking sind erwünscht. Für dich heißt das, dass du ein elegantes Kleid jeder Länge tragen kannst.

BLACK-TIE: Als Pendant zum Smoking gilt ja gemeinhin das bodenlange Kleid. Ich bin da aber anderer Meinung: Solange du etwas Festliches trägst und es mit schönen Accessoires kombinierst, kannst du auch ein Kleid in Cocktaillänge wählen. Es sollte aber eindeutig nach Abendgarderobe aussehen (und zwar so, dass du nie auf die Idee kommst, das Kleid tagsüber zu tragen).

OUTFIT MIT PERSÖNLICHEM TOUCH

Egal, welches Kleid ich letztendlich für ein Event auswähle: Ich möchte jeder Abendrobe immer einen persönlichen Touch verleihen (ich hasse das Gefühl, dass das Kleid mich ausführt und nicht andersrum). Denk daran: Deine Kleidung ist nicht zu wertvoll, um von dir verändert zu werden. Es sind die kleinen Abwege, die ein Outfit außergewöhnlich wirken lassen und deinen persönlichen Stil unterstreichen. Übertreib es aber nicht – einen guten Geschmack zu haben, bedeutet auch, zu wissen, wann es genug ist.

GROSSER GÜRTEL: Wenn du ein voluminöses Kleid trägst, das aus viel Stoff besteht (z.B. aus Chiffon), kann ein großer Gürtel alles zusammenhalten und dir eine feminine Sanduhrsilhouette verleihen. Er betont nicht nur die Taille, sondern ist auch eine schöne Auflockerung einer großen Farbfläche oder eines Muster.

UNTERKLEID: Ein kleines Stück Spitze, das unter dem Saum hervorblitzt, ist ein hübsches Detail. Außerdem kannst du es super unter ein Kleid ziehen, das etwas tief ausgeschnitten *und* gerafft ist. Ein Unterkleid funktioniert allerdings nicht, wenn das Kleid hauteng sitzt. Dann sieht es weder feminin noch elegant aus, sondern eher billig.

MODISCHE ACCESSOIRES: Abendkleider kombiniere ich gerne mit topaktuellen modischen Accessoires oder Oberteilen, z.B. mit einem Kurzblazer, einer Lederjacke oder einer Clutch in Schlangenlederoptik. Es lässt den ganzen Look hipper und individueller aussehen. Einen ähnlichen Effekt kannst du mit knalligem Lippenstift, auffälligem Nagellack oder einem coolen Cocktailring erzielen.

VINTAGE-SCHUHCLIPS: Früher befestigten Frauen Spangen mit funkelnden Rheinkieseln oder Strass an ihren Schuhen, um im Handumdrehen ein Paar einfache schwarze Pumps in exklusive Ballschuhe zu verwandeln. Die Clips lassen sich auf vielerlei Arten verwenden: Du kannst sie z.B. an die Träger eines schwarzen Cocktailkleids oder an einen schlichten Gürtel klemmen. (Online gibt es eine Riesenauswahl, da wirst du bestimmt fündig.) Wenn es ein bisschen extravaganter sein soll: Ich habe mal schwarze Stilettos getragen, die mein Stylist mit ein paar großen silbernen Metallstacheln an der Ferse verziert hat. Vor einem guten DIY-Projekt brauchst du keine Scheu zu haben!

PERFEKT FÜRS FOTO

Du musst dich vermutlich nicht – so wie ich – auf Horden von Paparazzi am roten Teppich vorbereiten. Aber egal, zu welcher Art von Event du gehst: Die Wahrscheinlichkeit, dass ein paar Bilder geschossen werden, ist relativ groß. Beachte die folgenden Punkte, und du wirst dich nie mehr über unmögliche Fotos ärgern müssen.

FOTOGENES MAKE-UP

Amy Nadines Tipps, um auf Fotos nicht auszusehen wie ein Zombie:

*   Lass die Finger von zu heller Grundierung oder zu hellem Puder, da Blitzlicht dich ohnehin blasser aussehen lässt, als du bist. Wähle einen genau auf deine Hautfarbe abgestimmten Ton (oder sogar etwas dunkler) – und vergiss nicht, Bronzer und Rouge aufzutragen.

*   Pass auf, dass deine Lippen nicht zu sehr glänzen. Gloss reflektiert das Blitzlicht stark.

*   Lass den Transparentpuder weg; durch das Blitzlicht entsteht der Eindruck, also ob du einen Schleier tragen würdest. Benutz stattdessen Puder, dessen Farbton ins Gelbliche tendiert.

*   Bevor du das Haus verlässt, mach schnell ein paar Fotos von deinem Gesicht aus unterschiedlichen Winkeln. So kannst du am besten überprüfen, ob Gesicht, Hals und Dekolleté denselben Hautton haben und dein Make-up keine unschönen Ränder aufweist.

RICHTIG POSEN FÜRS FOTO

Nicht vergessen, Fotos lügen wie gedruckt: Schon mal gehört, dass Kameras zehn Pfund draufpacken? Das stimmt. Und hast du schon Leute getroffen, die auf Fotos toll aussehen, im richtigen Leben aber völlig unscheinbar? Manche Menschen machen sich richtig gut vor der Kamera (daher die Begriffe tele- bzw. fotogen). Im Grunde ist es nichts weiter als ein Zusammenspiel aus Licht und Schatten – nimm es also nicht persönlich, wenn du dir auf Fotos nicht gefällst; sie sind schlichtweg nicht objektiv. Dennoch gibt es ein paar Dinge, die man berücksichtigen kann, um so gut wie möglich rüberzukommen:

- Üben, üben, üben. Zu Hause in deinem Schlafzimmer kannst du am besten rausfinden, welche deine Schokoladenseite ist (die haben wir nämlich alle … bei mir ist es die rechte) und welches Lächeln am besten aussieht (entspannt, aber nicht mit zusammengekniffenen Augen – diese sollen ja mitlächeln). Denk immer daran, dass das, was dir im echten Leben vollkommen verkrampft und gezwungen erscheinen mag, dein vorteilhaftestes Fotogesicht sein könnte. Üb diesen Ausdruck so lange, bis er dir leichtfällt.

- Du kennst deine Schokoladenseite? Dreh sie leicht zur Kamera, reck das Kinn ein wenig nach vorne und unten. Blick dann in die Kamera, und lächle. Wenn es sich anfühlt, als ob dein Kiefer sich verkrampfen würde, press deine Zunge gegen die oberen Schneidezähne; das hilft, die Mundpartie zu entspannen.

- Wende dem Fotografen deine schönsten Körperpartien zu – wenn es deine Oberarme sind, dann dreh sie in Richtung Kamera.

- Steh nie ganz frontal zur Kamera, sondern leicht seitlich, das lässt dich schmaler wirken. Verlagere dein Gewicht aufs hintere Bein, das Spielbein zeigt in Richtung Kamera. Achte auf eine gute Haltung, das ist sehr vorteilhaft!

- Heb die Arme minimal seitlich an, sodass ein leichter Muskeltonus entsteht. Arme und Oberkörper kommen dann viel besser zur Geltung und wirken dann nicht wie eine große Masse.

- Wenn du bei einem Gruppenfoto die Größte oder die Kräftigste von allen bist, dann versuch, in der Mitte zu stehen – oder zumindest in einer Position, in der du von beiden Seiten flankiert wirst. Diejenigen am Rand haben nämlich das Nachsehen: Sie wirken immer kräftiger, als sie eigentlich sind.

- Schau dir Promifotos mal genau an. Es gehört ja zu unserem Job, uns bestmöglich zu präsentieren. (Und ehrlich gesagt, nach fünf Jahren vor der Kamera läuft das bei mir ganz automatisch.) Ahme Posen nach, die relaxed und fröhlich wirken. Hier sind ein paar von meinen für den Anfang:

WAS DU VOR DER KAMERA VERMEIDEN SOLLTEST

Kleidung mit kleinen Mustern bringen Videokameras zur Verzweiflung (das Bild flimmert, was ziemlich unangenehm ist), außerdem wirkt der Körper dadurch kräftiger. Leuchtende Farben lassen sich gut fotografieren, und sie gleichen die durch das Blitzlicht verursachte Blässe im Gesicht wieder aus. Weiße Kleidung ist wirklich heikel: Nicht nur, dass sie dank Gegen- und Blitzlicht oft durchsichtig wirkt, Weiß reflektiert auch viel Licht und lässt dich kräftiger aussehen. (Dunklere Farben haben den gegenteiligen Effekt, da sie Licht absorbieren.) Wenn du von der Hüfte aufwärts fotografiert wirst, solltest du obenrum nichts allzu Weites tragen (du kannst die Proportionen ja eben nicht durch das entsprechende Unterteil ausgleichen), und lass die Finger von allem Trägerlosen, sonst sieht es aus, als wärst du nackt.

WAS BEI SHOOTINGS – UND DANACH – WIRKLICH PASSIERT

Noch ein letztes Wort zu Fotos … Zeitschriften sind toll, um sich Fototipps abzuschauen; ich hole mir dort andauernd Styling- und Make-up-Ideen. Aber bitte denk daran, dass die Aufnahmen in der Regel stark nachbearbeitet sind!

Du erinnerst dich, was ich über Menschen gesagt habe, die natürlich fotogen sind? Das hat ziemlich wenig damit zu tun, wie schön jemand in Wirklichkeit ist (oder auch nicht). Tatsächlich werden deshalb in Hollywood immer noch Probeshootings gemacht. Denn bei aller natürlicher Schönheit – man weiß nicht immer, wie ein Gesicht auf Fotos wirkt.

Abgesehen davon, gibt es am Set eine ganze Crew, die dafür sorgt, dass das Model auf den Fotos super aussieht: Make-up-Artists, Haarstylisten, Maniküristen, Schneider, Stylisten und eine Heerschar von Assistenten, die sämtliche Kleidungsstücke (und davon gibt es Hunderte) bügeln und zurechtzupfen. Aber vor allem ist immer ein erstklassiger Fotograf am Werk, der weiß, wie man selbst aus dem unscheinbarsten Wesen tolle Bilder rausholt. (Echte Profis können selbst eine Dose Katzenfutter glamourös aussehen lassen.) Und auch der Fotograf hat ein Assistententeam, das mit ungefähr 20 verschiedenen Lichteinstellungen herumjongliert – mit dem Ziel, das Model so makellos und perfekt wie möglich aussehen zu lassen. Allein die Vorbereitung des Sets und das Einleuchten dauern Stunden.

Vorsicht

Damit ein Kleid durchsichtig wird, muss das Blitzlicht zwar schon sehr stark sein – im Zweifelsfall solltest du trotzdem lieber ein gefüttertes Kleid anziehen. Ich bin abends mal mit einer Freundin ausgegangen, als wir beim Versuch, eine Bar zu betreten, von Paparazzi umringt wurden. Wir machten uns nicht allzu viele Gedanken, bis die Fotos am nächsten Tag in der Presse erschienen und es sich herausstellte, dass die Kameras durch das schwarze Jerseykleid meiner Freundin durchblicken konnten. Und was die ganze Sache noch schlimmer machte: Ausgerechnet an jenem Abend trug sie keinen BH und hatte ihre „weiblichen" Stellen nur abgeklebt (mit, ähem, „Findet Nemo"-Pflaster …).

Nach dem Shooting geht der Fotograf Hunderte, manchmal Tausende von Aufnahmen durch, die im Laufe des Tages entstanden sind, und schickt eine Auswahl an die Bildredaktion. Hier wird jedes einzelne Bild mit der Lupe untersucht, bis die Wahl getroffen ist. Dann geht das Bild in die Nachbearbeitung, wo alle Makel retuschiert werden: Dellen, Falten, Unebenmäßigkeiten, fliegende Haare etc. Manche Magazine verschlanken sogar Arme und Beine und definieren die Muskeln etwas stärker! Es wird viel und heftig darüber diskutiert, wo eigentlich die Grenzen der Bildbearbeitung zu ziehen sind.

Wie dem auch sei: Das veröffentlichte Bild sieht eben nur annähernd so aus wie die Person, die fotografiert wurde – im Normalfall wurde kräftig nachgeholfen. Daran solltest du immer denken, wenn du selbst die Messlatte für dein Aussehen unrealistisch hoch hängst. Auch Promis und Models haben Bad-Hair-Days, schlagen sich mit Hautunreinheiten herum und haben mal den ein oder anderen körperlichen Makel. Derartiges wirst du jedoch niemals auf einem Zeitschriftencover zu sehen bekommen, dafür wird das jeweilige Gesamtbild viel zu stark kontrolliert.

SCHLUSS

*I*n ihrem New Yorker Apartment hatte eine Bekannte von mir lange Zeit nur ein Bett und einen Kleiderschrank stehen, damit sie ihr Geld für Klamotten ausgeben konnte. Ich sehe den Vorteil darin: Ich würde auch gerne in einem leeren Apartment wohnen, wenn ich es mit Schuhen füllen könnte!

Aber so wichtig mir mein Kleiderschrank sein mag: Echter Stil geht weit über das äußere Erscheinungsbild hinaus. Was du im Spiegel siehst, bevor du das Haus verlässt, ist nur ein Aspekt. Stil braucht auch nicht lautstark zum Ausdruck gebracht werden. Er zeigt sich in kleinen Gesten, die den feinen Unterschied machen, etwa wenn du freundlich zu Bedienungen und Taxifahrern bist, einer hilfsbedürftigen Person die Tür aufhältst oder einer Freundin einen Blumenstrauß zum Geburtstag vorbeibringst.

Und vor allem: Vergiss niemals, dich zu bedanken; für eine Einladung zum Essen, ein Gespräch, ein Geschenk, eine Empfehlung unter Kollegen oder auch für die gute Freundschaft, die dich mit jemandem verbindet. Solltest du dir je unsicher sein, ob ein Dankeskärtchen überhaupt nötig ist – schreib es einfach! Es kostet dich fast nichts – außer einer Karte und einer Briefmarke –, und da dies so selten geworden ist, sichert es dir automatisch eine Menge Pluspunkte in der Stil-Kategorie. Außerdem fühlt es sich wirklich gut an, einen Dankesgruß zu schreiben – oder zu erhalten.

So viel dazu …

Liebe Freundinnen,

Style ist wirklich ein wichtiger Teil meines Lebens – und ich bin so happy, dass ich die Möglichkeit erhalten habe, meine große Leidenschaft dafür mit euch zu teilen. Danke, dass ihr mein Buch gelesen habt. Ich hoffe, es hat euch Spaß gemacht und ihr konntet einige Tipps und Anregungen mitnehmen!

Alles Liebe

Lauren

L

Dear friends,

Style is such a big part of my life,
and I am so happy I had the
opportunity to share my love for it
with you. Thank you for reading my
book. I hope you enjoyed it... and
that you learned a few things
along the way!

Best wishes,

Lauren

DANKSAGUNG

Bei der Entstehung dieses Buches haben viele Menschen mitgewirkt. Mein besonderer Dank geht an:

Matt Jones, Adam Fedderly und Tyler Jennings, denen die vielen großartigen Fotos zu verdanken sind; dafür, dass sie uns immer aufs Neue motivierten; und dafür, dass sie sich zwei Tage lang ununterbrochen Disney-Musik angehört haben.

Tara Swennen, Jennifer Teller und Caley Lawson dafür, dass sie sich so umfassend um das Styling für dieses Buch gekümmert haben. Es ist unglaublich, wie viel Arbeit sie in die Suche nach all den nötigen Klamotten gesteckt haben. Wir hätten es ohne euch nicht geschafft.

Amy Nadine Rosenberg nicht nur dafür, dass ich mich rundum schön fühlen konnte, sondern auch für die Disney-Songs zum Mitschmettern, für die Kostproben von abgefahrenem Gemüse und dafür, dass sie mich dazu gebracht hat, Burlesque-Stunden zu nehmen. Ich bin sehr froh, mit ihr zusammenarbeiten zu dürfen – sie ist nicht nur ein großes Talent, sondern auch eine gute Freundin.

Kristin Ess und Caitlin Rylander dafür, dass sie auf so viele unterschiedliche, tolle Arten die Haare gestylt und uns nebenbei mit immer neuen Sprüchen motiviert haben – „I love this story". Danke auch dafür, dass sie nicht nur um meinen Kopf gekümmert haben, sondern auch allen anderen, die in Reichweite waren, die Haare gemacht haben.

Howard und Jamie Huang dafür, dass sie sich die Zeit genommen haben, dcrart viele Dinge so wundervoll zu fotografieren.

Elise Loehnen dafür, dass dieses Projekt eine so angenehme Erfahrung war. Es hat riesigen Spaß gemacht, mit jemandem zusammenzuarbeiten, der meine Liebe für Stil teilt.

… das Team von HarperCollins, insbesondere an Zareen Jaffery, Melinda Weigel, Cristina Gilbert, Erin Gallagher, Tom Forget, Lillian Sun, Barbara Fitzsimmons und Elise Howard.

Melissa Bruno, die alles, was bei einer Lesereise anstrengend sein kann, zu einem puren Vergnügen macht.

Farrin Jacobs und Sasha Illingworth – nach zwei Wochen Redaktionsarbeit in einem Konferenzraum des Hyatt, wo gleichzeitig eine Kindertalentsuche stattfand, gibt es wenige Menschen, die ich danach noch mögen würde. Aber nach unzähligen Club-Sandwichs, zweifelhaftem Fleisch zum Mittagessen, schlechter Beleuchtung, Horden von braun gekleideten Football-Fans und dem Sterbenlassen von mehr als 1000 Fotos schätze ich euch noch immer sehr! (Danke an das Hyatt, hier fand meine erste Begegnung mit dem British-Club-Sandwich statt – ziemlich lecker!)

Matthew Elblonk dafür, dass er mich durch den ganzen Herstellungsprozess begleitet und sich um das Business- und andere Zeug gekümmert hat. Danke, Buddy.

… das wunderbare Team, das alles erst ermöglicht hat: Max Stubblefield, Nicole Perez-Krueger, Teal Cannaday und Kristin Puttkamer. Um ehrlich zu sein, mir fehlen die Worte, um euch allen zu danken. Wahrscheinlich, weil ihr so fantastisch seid in dem, was ihr tut. Danke noch mal.

Rechtenachweis

ALLE AUFNAHMEN VON
LAUREN CONRAD

Matt Jones
(außer Seite 2 und 211)

ALLE AUFNAHMEN VON KLEIDUNGSSTÜCKEN
ODER PRODUKTEN

Howard Huang
(außer Seite 41)

STYLISTIN

Tara Swennen

MAKE-UP

Amy Nadine Rosenberg

FRISUREN

Kristin Ess

ART DIRECTOR

Sasha Illingworth

Herstellernachweis

Cover und Seite VIII und X
Kleid von Alexander Berardi; Ohrringe von Deszo at Roseark; Schuhe von Aldo

KAPITEL 1
Seite 4
Blazer von Elizabeth and James; T-Shirt von Born Famous; Jeans von Hudson; Ring von Anita Ko; Armband von Borgioni

Seite 7
Kleines Schwarzes von Express; Halskette von Jennifer Meyer

Seite 8
Jeans von Seven For All Mankind; Bluse von Theory; Halskette von Jennifer Meyer

Seite 9
Rock von Robin; Stiefel von Christian Louboutin

Seite 10
Schwarzes Oberteil von Vince; schwarze Pumps von Christian Louboutin

Seite 11
Blazer von Lauren Conrad for Kohl's; Mantel von French Connection

Seite 13
T-Shirt von Riller and Fount; Rock von Dolce & Gabbana; Halskette von Swarovski für Aldo

Seite 14
Kleid von Stella McCartney; Schuhe von Christian Louboutin; Perlenkette von Erickson Beamon

Seite 15
Gepunktetes Oberteil von Geren Ford; Jeans von Levi's; Schuhe von Yves Saint Laurent; Maxikleid von Cynthia Vincent; Schuhe von Prada; Armreif von Le Vian; Halskette von Danielle Stevens; Pullover von Neal Sperling; Jeans von Levi's; Stiefel von Chloé; Halskette von Shari Wacks

Seite 16
Schuhe von Christian Louboutin; Minirock von twenty8twelve; Blazer von Juicy

KAPITEL 2
Seite 18
T-Shirt von Riller and Fount; Jeans von Ever; Halskette von Sara Weinstock

Seite 202

Minikleid mit Gürtel von ADAM; Halskette von Carla Amorim; Armreif von Anita Ko at Arcade by Rochelle Gores; Schuhe von Giuseppe Zanotti

Seite 203

links

Kleid von unbekannt (Vintage); Schuhe von Sergio Rossi; Ohrringe von unbekannt (Vintage)

rechts

Kleid von Rafael Cennamo; Halskette von Carla Amorim; Schuhe von Christian Louboutin; Clutch von unbekannt (Vintage)

Seite 204

Kleid von Femme Noir; Strumpfhose von DKNY; Schuhe von Yves Saint Laurent; Armbänder von House of Lavande; Clutch von unbekannt (Vintage)

Seite 206

Kleid von Camilla and Marc; Gürtel von Melamed; Schuhe von Christian Louboutin; Armbänder von Bing Bang at Roseark und Anita Ko at Arcade by Rochelle Gores; Ring von Jennifer Meyer

Seite 208

Schuhe von Aldo (ohne Verzierung)

Seite 212

Kleid von Lela Rose; Armbänder von House of Lavande

SCHLUSS

Seite 216

Jeans von Levi's; Bluse von Phillip Lim; Schuhe von Miu Miu; Ring von Anita Ko; Ring von Bing Bang at Roseark; Halskette von Karma at Roseark

Fotos auf Seite 2: mit freundlicher Genehmigung von Lauren Conrad;
Fotos auf Seite 211: mit freundlicher Genehmigung von Kristian Dowling/Getty Images (links), Angela Weiss/Getty Images (Mitte), Frank Micelotta/Getty Images (rechts)

Ein besonderer Dank geht an alle im Buch erwähnten Hersteller. Bei sämtlichen Kleidungsstücken und Accessoires wurden die größtmöglichen Anstrengungen unternommen, um den Hersteller zu identifizieren.